Herbert Goetze
Familien spielend helfen

Edition Sozial

Herbert Goetze

Familien spielend helfen
Mit der Filialtherapie elterliche
Ressourcen stärken

Der Autor

Herbert Goetze, Jg. 1943, Dr. paed., Professor für Sonder-
pädagogik an der Universität Potsdam und an der Indiana
University Northwest. Seine Arbeitsschwerpunkte sind
Verhaltensgestörtenpädagogik, Spiel- und Filialtherapie,
Herausgeber der Fachzeitschrift „Heilpädagogische Forschung".

Bibliografische Information der Deutschen Nationalbibliothek

Die Deutsche Nationalbibliothek verzeichnet diese Publikation
in der Deutschen Nationalbibliografie; detaillierte bibliografische
Daten sind im Internet über http://dnb.d-nb.de abrufbar.

Das Werk einschließlich aller seiner Teile ist urheberrechtlich
geschützt. Jede Verwertung außerhalb der engen Grenzen des
Urheberrechtsgesetzes ist ohne Zustimmung des Verlags
unzulässig und strafbar. Das gilt insbesondere für Vervielfältigungen,
Übersetzungen, Mikroverfilmungen und die Einspeicherung und
Verarbeitung in elektronischen Systemen.

© 2013 Beltz Juventa · Weinheim und Basel
www.beltz.de · www.juventa.de
Druck und Bindung: Beltz Druckpartner GmbH & Co. KG, Hemsbach
Printed in Germany

ISBN 978-3-7799-2089-2

Inhalt

Kapitel 1
Einleitung — 7

Kapitel 2
Vorstellung und Abgrenzung des
Verfahrens Filialtherapie — 12

Kapitel 3
Vorgeschichte des Verfahrens — 18

Kapitel 4
Die Personenzentrierte Spieltherapie
als Ausgangsbasis — 23

Kapitel 5
Ziele der Filialtherapie — 30

Kapitel 6
Die Beteiligten: Bezugsperson, Kind und
Filialtherapeut/in — 34

Kapitel 7
Der äußere Rahmen (Räumlichkeit,
Spielmaterial, Zeitrahmen) — 51

Kapitel 8
Trainingsablauf — 57

Kapitel 9
Die zu vermittelnden Kompetenzen — 74

Kapitel 10
Empirische Fundierungen — 101

Kapitel 11
Beispielhafter Verlauf einer Filialtherapie — 121

Kapitel 12
Rückblick und Ausblick — 145

Literatur — 153

Kapitel 1
Einleitung

Sie haben sich dazu entschieden, diesem Band mit dem Titel *Familien spielend helfen – Mit der Filialtherapie elterliche Ressourcen stärken* Ihr Interesse zu schenken, und ich glaube, Sie werden diese Entscheidung nicht bereuen, wenn Sie sich intensiv mit den Inhalten und Kapiteln dieses Buches auseinandergesetzt haben werden.

Bei Ihnen als der angesprochenen Leserschaft gehe ich davon aus, dass Sie ein besonderes fachliches bzw. berufliches Interesse an der Arbeit mit Eltern entwickelt haben und vielleicht nicht so ganz zufrieden mit den herkömmlichen Ansätzen zur Elternarbeit sind. Dabei sind Studierende und Berufsstarter aus allen sozialen Bereichen ausdrücklich eingeschlossen, denn auf Ihnen ruhen alle meine Hoffnungen für eine bessere Zukunft, was die beraterische und therapeutische Betreuung der oft so verzweifelten Eltern betrifft.

In diesem Band soll nun ein besonderer Ansatz der Elternarbeit dargestellt werden: Bezugspersonen wie Eltern sollen „filialtherapeutisch" in die Lage versetzt werden, Beziehungs- und Interaktionsprobleme mit den eigenen, auch behinderten Kindern unter Zuhilfenahme gemeinsamen Spielens einer Lösung zuzuführen. Die Probleme in den Familien scheinen nicht abzunehmen, wenn man aktuellen Zahlentrends Glauben schenken soll. Viele Eltern bzw. Elternteile fühlen sich mit den immer wieder auftretenden Erziehungsproblemen ziemlich allein gelassen. Die Ratschläge von Kinderärzten, Nachbarn, Bekannten oder Erziehungsratgebern gehen oft ins Leere, weil in oft besserwisserischer Manier die Sicht und die persönliche Belastung der betroffenen Eltern unbeachtet bleiben. Eigentlich wäre es angezeigt, Fachleute aufzusuchen, aber dieser Schritt würde bedeuten, eine Schwelle überwinden zu müssen, die für viele zu hoch ist, v. a. wenn sie bereits negative Erfahrungen mit öffentlichen Institutionen gemacht haben und Befürchtungen hegen, zu viel des eigenen Privatlebens preisgeben zu müssen. Entsprechend wird eine eigentlich angezeigte Therapie für sich oder für das eigene Kind vehement ausgeschlossen. Und so erleben sich viele der Betroffenen auf sich selbst gestellt und versuchen, mit eigenen Mitteln recht und schlecht zurechtzukommen.

An dieser Stelle treffen sich elterliche Tendenzen, die Dinge selbst in die Hand zu nehmen, und filialtherapeutische Ziele, die Eltern stark zu machen, die vorhandenen Selbsthilfepotenziale zu aktivieren und sich dabei nicht total von Fachleuten abhängig zu machen. Für viele fast noch wichtiger ist, dass das Verfahren in den eigenen vier Wänden durchgeführt wird. In vielen Fällen kann die Filialtherapie also die Methode der Wahl sein, weil dem involvierten Elternteil maximale Kontrolle über die Beeinflussungssituation bei minimaler Außenlenkung durch eine Expertenperson zukommt.

Sie über die Filialtherapie in einer Weise zu informieren, dass Sie sich vielleicht dazu in der Lage sehen, eigene Schritte in Richtung Umsetzung zu gehen, ist Ziel dieser Schrift. Dazu wird die Filialtherapie im nächsten Kapitel erst einmal knapp vorgestellt, damit Sie sich ein Bild dieses Ansatzes machen können, und gegen andere Konzepte der Arbeit mit Eltern abgegrenzt. Vielleicht wird Sie die Vorgeschichte der Filialtherapie interessieren, die im anschließenden Kapitel 3 knapp vorgestellt wird und verblüffenderweise auf die höchste Autorität der Klinischen Psychologie, Sigmund Freud, zurückgeht. Sie werden erfahren, dass die Filialtherapie im wörtlichen („Filiale") und übertragenen Sinn eine Eltern-Kind-Spieltherapie ist, also aus der Spieltherapie erwachsen ist. Deshalb soll im vierten Kapitel die Personenzentrierte Spieltherapie als Ausgangsbasis für die Filialtherapie vorgestellt werden.

Dass die Ziele der Filialtherapie denen der Spieltherapie nicht unähnlich, aber doch anders akzentuiert sind, wird Gegenstand des Kapitels 5 sein. Im Anschluss daran werden Sie darüber informiert, wer an einer Filialtherapie beteiligt ist, welche Funktionen den Personen zukommen und wie diese zu realisieren sind; bei den Beteiligten geht es um die Bezugsperson, das Kind und um Sie als der Person, die die Filialtherapie anleitet. Um schon einmal die vorsichtige Wortwahl *Bezugsperson* zu klären: Die Bezugsperson muss nicht zwangsläufig ein Elternteil sein, es kann sich auch um andere Personen handeln, die dem Kind nahe stehen, also Personen aus dem Verwandtenkreis (wie Großmütter) oder aus dem Bekanntenkreis (wie Freunde der Eltern). Wir haben Filialtherapien aber auch durch Lehrkräfte durchführen lassen – und neuerdings auch durch ältere Mitschüler. Ihrer Kreativität, wen man aus der Umgebung des Kindes für eine filialtherapeutische Unternehmung gewinnen könnte, sind also keine Grenzen gesetzt; bedauerlicherweise sind jedoch bisher die Väter eher seltener zur Mitarbeit zu bewegen, worunter elterliche Beratungsmaßnahmen generell zu leiden haben. In aller Regel werden jedoch Elternteile die Bezugspersonen sein, wie im Titel dieser Schrift zum Ausdruck gebracht wird.

Im siebten Kapitel werden Informationen zur konkreten Umsetzung aufgeführt, wozu der äußere Spielrahmen im Elternhaus gehört, aber auch die Quantität und Qualität der zu beschaffenden Spielmaterialien sowie der zeitliche Rahmen. Es wird deutlich werden, dass die äußeren Voraussetzungen keine für die Bezugspersonen unerfüllbaren Bedingungen darstellen; wenn sie jedoch nicht gewährleistet werden können, kann eine Filialtherapie in den eigenen vier Wänden nicht erfolgreich durchgeführt werden. Diese Voraussetzungen zu erfüllen, ist von finanziellen Ressourcen der Familie wenig abhängig, umso mehr sind jedoch Management-Kompetenzen gefragt, eine Raumecke zu finden, störende Einflüsse von außen zu unterbinden und die erzielten Verabredungen mit dem Kind durchzusetzen.

Nachdem diese Basis geklärt ist, werden im folgenden Kapitel 8 dezidierte Vorschläge unterbreitet, wie ein Filialtraining mit Eltern aufgebaut werden kann. Erwarten Sie an dieser Stelle jedoch keinen festen Trainingsplan, der sich für personenzentrierte Ziele auch verbieten würde. Sie können jedoch die Aufbereitung einer logischen Abfolge von Schritten erwarten, die zu gehen sind. Dabei wird auch deutlich werden, welche Schwierigkeiten auf Sie warten, wenn Sie einerseits mit gefühlsbelasteten Erfahrungen der Eltern konfrontiert werden und diese personenzentriert zu reflektieren haben, und andererseits nicht die Trainingsziele aus dem Auge verlieren dürfen. Sie werden auch erfahren, wie mit schwierigen Situationen in der Trainingsgruppe umgegangen werden kann.

Im neunten Kapitel werden die zentralen Kompetenzen des Strukturierens, des Reflektierens, des Mitspielens und des Grenzensetzens eingehend beschrieben und von Arbeitspapieren, die Sie einsetzen können, begleitet. Dabei stellen sich die Prinzipien der Filialtherapie insgesamt als nicht sehr kompliziert dar, sie sind klar und leicht verständlich, und auch die Herstellung des zuvor erörterten äußeren Rahmens birgt keinerlei Geheimnisse. Offensichtlich liegt das Problem nicht im mangelnden Verstehen dieser Prinzipien, sondern in ihrer Umsetzung. Die Inhalte sind jedoch auf eine Art beschrieben, dass Sie sich vielleicht ermutigt fühlen, erste Gehversuche in Richtung auf eigene Trainings zu machen.

Spätestens an dieser Stelle wird die Frage auftauchen, ob denn auch effektiv ist, was wir anwenden. Im nun folgenden längeren Kapitel werden als Antwort empirische Fundierungen der Filialtherapie erörtert, zunächst auf der Basis von Arbeiten aus dem anglo-amerikanischen Bereich, dann am Beispiel einer Untersuchung einer Filialtherapie mit deutschen Müttern. Wer an quasi-experimentellen Versuchen und Effektgrößen interessiert ist, wird hier auf seine Kosten kommen.

Schließlich möchte ich Ihnen in einem Schlusskapitel einen beispielhaften Verlauf einer Filialtherapie vorstellen, die von zwei unserer Mitarbeiterinnen durchgeführt worden ist. Sie werden sehen: So glatt wie im Trainingskapitel beschrieben werden die Dinge in der Praxis nicht ablaufen können.

Abgerundet wird dieser Band mit einem Rückblick und einem Ausblick. Wundern Sie sich nicht, dass ich erst einmal ein Klagelied darüber anstimmen werde, wie schlecht es derzeit um die Rezeption der Humanistischen Psychologie im akademischen Bereich bestellt ist, welchen Gegenwinden man sich ausgesetzt sieht, wenn man die Filialtherapie umsetzen oder sie beforschen will, warum die Filialtherapie bisher so wenig fachlichen Widerhall gefunden hat. Der optimistische Ausblick richtet sich dann an die nachwachsende Generation von Psychologen und Heilpädagogen, die aufgefordert sind, sich mit Nachdruck für den Einsatz so effizienter Verfahren wie der Filialtherapie einzusetzen. Ganz am Ende steht der Dank an meine eigenen Tutoren, Louise Guerney, Rise van Fleet, Sue Bratton und vor allen Garry Landreth, ohne die ich kaum die Reise in dieses unbekannte Land der Filialtherapie unternommen hätte.

Kapitel 2
Vorstellung und Abgrenzung des Verfahrens Filialtherapie

Die Filialtherapie als Unterkategorie der Personenzentrierten Spieltherapie hat zum allgemeinen Ziel, Eltern-Kind-Interaktionsprobleme einer Lösung zuzuführen, indem ein Kind und eine ausgewählte Bezugsperson – meistens ein Elternteil – in einen gemeinsamen hilfreichen Spielkontext platziert werden.

Das methodische Vorgehen lässt sich vereinfacht so beschreiben: Ein ausgebildeter Spieltherapeut führt Eltern über einen Zeitraum von zwei bis drei eineinhalbstündigen Gruppensitzungen in die Grundlagen der nicht-direktiven Spieltherapie ein. Anschließend führen die Bezugspersonen selbstständig in der eigenen Wohnung Spielsitzungen von je 30 Minuten pro Woche über einen Zeitraum von 10 Wochen durch, die supervisionsartig in den weitergeführten Trainingsstunden begleitet werden.

Die Filialtherapie stellt also einen Sonderfall der Personenzentrierten Spieltherapie nach Carl Rogers dar (Axline, 1972; Goetze, 1994; 2002; Weinberger, 2007). Im Gegensatz zur regelhaften Spieltherapie ist nicht eine dem Kind zunächst fremde Person der Spielpartner, sondern die eigene Mutter (bzw. der eigene Vater oder eine dem Kind nahe stehende Person), der die Aufgabe zukommt, die Prinzipien der Personenzentrierten Spieltherapie mit den eigenen Möglichkeiten umzusetzen. Da den Betreffenden dabei gewissermaßen der Status von Laientherapeuten zukommt, bedürfen sie einer kompetenten Unterstützung bzw. eines intensiven Vortrainings durch einen Experten, einen trainierten Spieltherapeuten.

Die Legitimation des Ansatzes der Filialtherapie ergibt sich bereits aus primär-präventiven Überlegungen: Im Prinzip geht es darum, Erziehungskompetenzen von in der Regel nicht auffälligen Elternhäusern zu steigern. Mit der Filialtherapie werden damit familiäre Selbsthilfepotenziale aktiviert und weiterentwickelt. Eltern erfahren, dass sie bei Anwendung von leicht verständlichen spieltherapeutischen Prinzipien ein Verfahren durchführen, das sie selbst in der Hand haben und weitgehend selbst kontrollieren. Letztendlich tragen sie damit zur Verbesserung der Familienatmosphäre bei, ohne sich dauerhaft von einem Therapieexperten abhängig zu machen. Eine vielleicht nicht immer einfache Beziehung zum eigenen Kind hat das Gefühl aufkommen lassen, die täglichen Abläufe nicht mehr gut unter Kontrolle zu haben; die Filialtherapie kann dann dazu verhelfen, Gefühle des Kontrollverlustes zu überwinden und in partnerschaftlicher Weise zur gemeinsamen Verantwortung über alltägliche Lebensvollzüge zurück zu finden.

Die Filialtherapie stellt demnach eine eigene Interventionskategorie dar, die deutliche Unterschiede zu anderen Verfahren aufweist, die im elterlichen Rahmen angesiedelt sind. Wenn sie mit einzelnen Bezugspersonen, z.B. Elternteilen, durchgeführt wird, wird sie dennoch keine *Einzeltherapie* im klassischen Sinn sein, bei der in einer dyadischen Beziehung ein belasteter Klient die Hilfe eines professionellen Therapeuten erfährt.

Es handelt sich auch nicht um eine *Gruppentherapie* mit Eltern, bei der in einer permissiven Gruppenatmosphäre der freie Ausdruck von Gefühlen des Einzelnen gestattet und mit Hilfe einer hilfreichen Gruppendynamik Änderungen herbeigeführt werden, denn hier handelt es sich um ein strukturiertes Vorgehen, an dem indirekt auch die Kinder beteiligt sind.

Im engeren Sinn ist die Filialtherapie auch keine *Familientherapie*, bei welcher es allgemein um die Aufdeckung dysfunktionaler familiärer Kommunikationsstrukturen (‚strategisch-strukturell') oder um die Bearbeitung von krankmachenden Subsystemen, Triangulationen (‚systemisch') geht.

Die Filialtherapie unterscheidet sich erheblich von den traditionellen *Elterntrainingsmodellen*, bei denen an Eltern jene Skills vermittelt werden, die zur Lösung alltäglicher Erziehungskonflikte unter deutlicher Anleitung eingesetzt werden sollen. Dabei geht es häufig um eine Skillvermittlung auf verhaltenstherapeutischer Basis; die Eltern erlernen hier z. B. das systematische Verstärken erwünschter Verhaltenswiesen ihres Kindes.

Ein erster gravierender Unterschied zu fast allen anderen Elterntrainingsprogrammen betrifft den Führungsaspekt: Die Programme sind so aufgebaut, dass die Eltern das Kind in direktiver Weise anleiten lernen, die Programme setzen auf die Wirksamkeit von Belehrungen, Diskussionen und Einsichtslernen auf Seiten des Kindes. Die Filialtherapie setzt dagegen primär auf non-direktive ‚Führung' unter weitgehendem Verzicht auf eigene Handlungsimpulse der Bezugsperson. Das Kind kann hier entscheiden, was und wie und ob überhaupt gespielt wird, womit Selbstdirektivität, Selbstkontrolle und Selbstverantwortung angezielt werden, denn wo dauerhaft Fremdkontrolle ausgeübt wird, kann sich Selbstkontrolle nicht entwickeln – so einer der grundlegenden filialtherapeutischen Leitsätze.

Wie im Kapitel zu den Zielen verdeutlicht werden wird, liegt der Schwerpunkt eindeutig auf der Beziehungsgestaltung und nicht auf der Anwendung besonderer Techniken. Ganz im Sinne des hier vertretenen philosophischen Ansatzes wird angenommen, dass eine andere Beziehungsgestaltung, die auf den elterlichen Fremdeinfluss weitgehend verzichtet, auch eine andere Problemsicht nach sich zieht, bei der nicht äußerliche Anpassung (‚quick and dirty'), sondern innere Übereinstimmung vorherrschend sind. Zu einer so definierten Beziehung gehört eine andere Art, miteinander zu kommunizieren. Hier setzt die Filialtherapie eigene Akzente. Zunächst wird von dem Leitgedanken ausgegangen, dass die Sprache des Kindes nicht die Sprache der Erwachsenen, sondern das Spiel ist; folglich steht das Spiel im Mittelpunkt der Kommunikation, das sprachlich natürlich begleitet werden kann.

Hinzu kommt, dass die Filialtherapie nicht problemzentriert in dem Sinne vorgeht, dass an den Defiziten des Kindes und seinen störenden Verhaltensweisen gearbeitet wird. Vielmehr stehen die Spielprozesse im Mittelpunkt, die natürlich nicht immer reibungslos ablaufen. Kommt es beim Spielen zu Konflikten, dann werden diese mit den therapeutischen Möglichkeiten der Spieltherapie gewaltlos und kooperativ gelöst, woraus sich für den weiteren Familienalltag bisher nicht gekannte positive Konsequenzen ergeben.

Die Ansprache durch die erwachsene Bezugsperson stellt sich entsprechend anders dar: Weder Lob noch Tadel, weder Fragen noch Antworten kennzeichnen das Geschehen, sondern eine verbale Zuwendung, die mit der blassen Begrifflichkeit *Reflexion* fachlich gekennzeichnet wird. Unmittelbar einsichtig ist, wie schwer vielen Bezugspersonen diese andere Art zu kommunizieren zu Beginn fallen muss, denn sie haben sie bisher immer ganz anders mit Kindern gesprochen.

Die filialtherapeutischen Prinzipien sind in Anlehnung an Axline (1972) in folgender Weise festgelegt:

1. Prinzip der vollständigen Annahme: Die Bezugsperson nimmt das Kind ganz so an, wie es ist.

2. Prinzip der Herstellung eines Klimas des Gewährenlassens: Die Bezugsperson versucht, in der Spielstunde eine Atmosphäre des Gewährenlassens herzustellen, so dass das Kind sich frei fühlt, alle seine Gefühle uneingeschränkt auszudrücken.

3. Prinzip der Achtung vor dem Kind: Die Bezugsperson achtet die Fähigkeit des Kindes, mit seinen Schwierigkeiten während der Spielstunde selbst fertig zu werden. Die Verantwortung, eine Wahl für Spielaktivitäten zu treffen, und das langfristig angezielte In-Gang-Setzen einer inneren Wandlung, die von den Spielstunden ausgehen, sind Angelegenheiten des Kindes.

4. Prinzip der Wegweisung durch das Kind: Die Bezugsperson versucht nicht, die Handlungen oder Gespräche des Kindes während der Spielstunde zu beeinflussen. Das Kind weist den Weg während der Spielzeit, die Bezugsperson Eltern folgt ihm.

5. Prinzip der Nicht-Beschleunigung: Die Bezugsperson versucht nicht, die Vorgänge zu beschleunigen. Veränderungen des Kindes und der Bezugsperson sind ein Weg, der langsam, Schritt für Schritt gegangen werden muss.

6. **Prinzip der Gestaltung der Beziehung:** Die Bezugsperson sollte eine warme, freundliche Beziehung zum Kind während der Spielstunden gewährleisten, weil eine die Nicht-Lösung grundlegender Konflikte dem Anliegen der Filialtherapie entgegenstehen.

7. **Prinzip des Erkennens und Reflektieren von Gefühlen:** Die Bezugsperson ist wachsam in Bezug auf die Gefühle, die das Kind in der Spielstunde ausdrücken möchte. Sie versucht, sie zu erkennen und zu reflektieren.

8. **Prinzip des Begrenzens:** Die Bezugsperson setzt nur Grenzen, wo diese notwendig sind, um die Spielsitzung in der Welt der häuslichen Wirklichkeit zu verankern, und um dem Kind seine Mitverantwortung an der Beziehung zwischen ihr und dem Kind klarzumachen.

Die Filialtherapie stellt damit eine eigenständige Kategorie der Elternarbeit dar und ist darauf gerichtet, personenzentrierte Kompetenzen an Erziehungspersonen in einer Weise zu vermitteln, dass sehr schnell ein Lerntransfer auf den Erziehungsalltag hergestellt wird. Eine Eingangsdiagnostik und die eine Filialtherapie begleitende Supervision können allerdings die oben genannten alternativen Therapien zusätzlich nahelegen, die dann entweder an ihrer Stelle oder auch als eine Ergänzung zur Filialtherapie durchgeführt werden könnten.

Methodisch ist die Filialtherapie in der Weise aufgebaut, dass zunächst innerhalb eines strukturierten Trainingskurses unter Einsatz verschiedener Vermittlungsmedien die Basisvariablen der Personenzentrierten Spieltherapie vermittelt werden; in einer sich anschließenden Phase realisieren die Bezugspersonen des Kindes die erworbenen Kompetenzen in einer besonders ausgewiesenen Spielstunde mit ihrem Kind innerhalb der eigenen vier Wände. Die in den Spielstunden gemachten Erfahrungen sind Gegenstand der weiteren Besprechungssitzungen in der Gruppe. Die methodischen Durchführungsschritte werden in den folgenden Kapiteln in einer Weise beschrieben, dass die Abläufe durchsichtig werden. Zunächst jedoch soll erst einmal die Vorgeschichte des Verfahrens Filialtherapie skizziert werden, woraus deutlich wird, dass einige Leitideen schon sehr früh in der Geschichte der Kinder- und Jugendlichenpsychotherapie auffindbar sind.

Kapitel 3
Vorgeschichte des Verfahrens

Man könnte Sigmund Freud, den Begründer der Psychoanalyse, im weiteren Sinne als Erfinder der Filialtherapie ansehen. Zwar waren Freuds Klienten fast ausschließlich erwachsene Personen, so dass die Übertragung der psychoanalytischen Lehre auf Kinderklienten in Form der Kinderanalyse Schülerinnen und Schülern wie Melanie Klein und Anna Freud vorbehalten blieb. Seine Psychoanalyse des „kleinen Hans" war ein gewisser Wendepunkt, denn der „kleine Hans" war sein erster und blieb sein einziger Kinderfall.

In der Analyse der Pferdephobie des kleinen Hans – 1909 erschienen – wird eine indirekte Behandlung dieses fünfjährigen Kindes deutlich. Sein Vater, ein Musikwissenschaftler, war ein Anhänger Freuds und ließ sich bei der Analyse seines Sohnes durch Freud anleiten. Die Vorgeschichte der Symptome des Kindes begann mit dreieinhalb Jahren nach der Geburt der Schwester, als der kleine Hans eine Pferdephobie entwickelte. Die Folge war, dass das Kind das Elternhaus aus Angst vor Pferdebissen nicht mehr verlassen konnte – eine erhebliche Einschränkung auch für die Eltern. Klassischerweise wurde die Phobie mit einem ödipalen Problem (Inzestwunsch) erklärt, wobei das Pferdemaul den väterlichen Bart repräsentierte. Im Sinne psychoanalytischer Deutungen hatten die mütterlichen Drohungen zu Kastrationsängsten geführt, während die Aggressionen des Kindes mit Geschwisterneid um die elterliche Gunst erklärt wurden. Die phobische Symptomatologie soll sich gelegt haben, nachdem der Ödipuskonflikt des kleinen Hans durch die indirekte Therapie gelöst war. Hans wurde vom Vater über Geschlechtsunterschiede, Schwangerschaft und Geburt aufgeklärt, so dass den Fantasien des Kindes der Nährboden entzogen wurde.

Die Analyse des kleinen Hans war für die Entwicklung der

psychoanalytischen Theorienbildung von großer Bedeutung, eröffneten sich nun doch Perspektiven, die Psychoanalyse für Erwachsene auf Kinder als „Kinderanalyse" zu übertragen. Allerdings blieb die Fernanalyse des kleinen Hans Freuds einzige Kinderanalyse.

Wollte man den Behandlungserfolg aus heutiger Sicht filialtherapeutisch erklären, scheint entscheidend gewesen zu sein, dass Freuds Supervision im Vater ein einfühlendes Verständnis für die kindlichen Nöte entwickelt hat. Die Ängste des kleinen Hans wurden von ihm nicht bagatellisiert – wie zu damaliger Zeit üblich –, sondern ernst genommen. Der Vater versuchte auch nicht, das Kind zu überreden oder gar durch in-vivo-Konfrontationen das Kind zu desensibilisieren oder zu bestrafen. Wie an späterer Stelle in diesem Band ausgeführt wird, müssen die Spielvorgänge des Kindes in der Filialtherapie für uns nicht immer verstehbar sein. Freud hatte diese Einsicht vorweggenommen, indem er schrieb: „Es ist gar nicht unsere Aufgabe, einen Krankheitsfall gleich zu ‚verstehen', dies kann erst später gelingen, wenn wir uns genug Eindrücke von ihm geholt haben." Weitere Gemeinsamkeiten, aber auch Unterschiede zur Filialtherapie werden deutlich, wenn Freud weiter schreibt: „Während der Analyse allerdings muss ihm vieles gesagt werden, was er selbst nicht zu sagen weiß, müssen ihm Gedanken eingegeben werden, von denen sich noch nichts bei ihm gezeigt hat, muss seine Aufmerksamkeit die Einstellung nach jenen Richtungen erfahren, von denen her der Vater das Kommende erwartet." Aus heutiger Sicht würde man Freuds Behandlung insgesamt vielleicht als Empathie- und Verhaltenstraining des Vaters sehen, wobei Elemente der Filialtherapie durchaus nachvollziehbar sind.

Dieser Ansatz, der vielleicht auch aus der Not der damaligen Mangelsituation an Therapeuten geboren war, enthielt also bereits den Grundgedanken der Filialtherapie, die eigentliche therapeutische Arbeit durch einen Elternteil durchführen zu lassen.

In der Folgezeit wurde dieser therapeutische Ansatz erst einmal nicht weiterverfolgt. Kinderanalytikern lag seit den zwanziger Jahren mehr daran, ihr Gedankengut als „therapeutische Erziehung" in das Elternhaus zu tragen, denn sie machten zunehmend die Erfahrung, dass Kinderprobleme ungünstige elterliche Einstellungen, Erwartungen und Praktiken zur Ursache hatten, eine Erfahrung, die uns Heutigen durchaus geläufig ist. Wenn man den beruflichen Werdegang vieler Kindertherapeuten verfolgt, kann man feststellen, dass sie im Laufe ihrer professionellen Entwicklung mehr und mehr vom Therapiegeschäft Abstand nahmen und den Bereich der Pädagogik betraten, wofür es viele Beispiele gibt wie z.B. das Ehepaar Reinhard und Annemarie Tausch. Das Ehepaar hatte sich schon früh mit der Kindertherapie befasst; 1956 erschien ihr damals ziemlich unbeachtetes und späterhin nicht wieder verlegtes Werk „Kinder-Therapie im nicht-directiven Verfahren"; anschließend bewegte sich das Forscherpaar mit dem (nicht ganz passenden, weil zutiefst der Pädagogik verpflichteten, bis heute verlegten) Titel „Erziehungspsychologie" (Tausch & Tausch, 1979) und legte dort die Leitlinien für eine kindzentrierte Erziehung vor.

Den spieltherapeutischen Ansatz auf das Elternhaus zu übertragen, um die elterliche Kommunikation in Richtung auf mehr Kindzentrierung zu verändern, war auch ein Anliegen der Pionierin der nicht-direktiven Spieltherapie, Virginia Axline (1947; dt. 1972). Natalie Fuchs (1957), die Tochter von Carl Rogers, setzte im eigenen Haus spieltherapeutische Methoden ein, um bei ihrer Tochter Symptomen der Angst zu begegnen. Auch Clark Moustakas (1959), ein anderer Vertreter des non-direktiven Spieltherapieansatzes, riet Eltern, besondere Spielstunden mit ihren Kindern zu Hause durchzuführen. Er plädierte dafür, diesen therapeutischen Ansatz bei Kindern zwischen drei und zehn Jahren anzuwenden, die Eltern in kleinen Gruppen zusammenzufassen und im Sinne des klientenzentrierten Ansatzes von Carl Rogers zu trainieren. Moustakas schrieb: „In the play therapy relationship ... the child finds that his parent really cares, wants to understand, and accepts him as he is" (Moustakas, 1959, S. 275).

Jahrzehntelang ist dieser Beratungsansatz jedoch nicht weiter verfolgt worden. Der damals neue Gedanke, die Spieltherapie durch die Eltern selbst durchführen zu lassen, wurde explizit erst durch die Arbeiten des Ehepaares Louise und Bernard Guerney (Guerney, 1964) verfolgt, die dem Verfahren dann auch die Bezeichnung *Filialtherapie* gaben. Sie entwickelten ein strukturiertes Filialtherapie-Trainingsprogramm, in welchem die Eltern zu sog. therapeutischen Begleitern wurden. Mit leichten Nuancen wird das Guerney-Filialtherapieprogramm bis heute verfolgt.

Seither wird die Filialtherapie bei Kindern zwischen drei und zwölf Jahren angewendet, indem Eltern bzw. nahe Bezugspersonen des Kindes in kleinen Gruppen oder auch einzeln im Sinne des klientenzentrierten Ansatzes von Carl Rogers trainiert werden, um nach einem Vortraining unter Supervision selbstständig Spielstunden im eigenen Hause durchzuführen (siehe dazu und zum Folgenden VanFleet, 1994; Guerney, 1964).

Im deutschsprachigen Raum ist die Filialtherapie bis auf den heutigen Tag weitgehend ignoriert worden, obwohl bereits 1974 in „Die nicht-direktive Spieltherapie" (Goetze & Jaede, 1974) auf die Filialtherapie aufmerksam gemacht worden ist, wie an diesem Buchzitat deutlich wird: „Carkhuff und Bierman (1969) sowie Guerney (1964), Guerney, Guerney und Adronico (1970) haben ähnliche Trainingsmöglichkeiten vorgeschlagen und teilweise erfolgreich empirisch erprobt (sog. Filialtherapie)" (Goetze & Jaede, 1974, S. 169). Natürlich ist zu berücksichtigen, dass seinerzeit Spieltherapieausbildungen in Deutschland kaum existent waren oder erst in den Anfängen steckten. Aber auch weitere Versuche, die Filialtherapie auch hierzulande bekannt zu machen (Goetze, 2001; 2002), blieben praktisch ohne Auswirkungen, was vielleicht auch auf die Dominanz verhaltenstherapeutischer Lehrmeinungen zurückzuführen war und ist.

Vielleicht hatte die Abstinenz jedoch auch versteckte Gründe. Es hatte nämlich seit der Einführung der Filialtherapie in den USA während der sechziger Jahre in der Fachwelt Kontroversen zu der Frage gegeben, ob Eltern mit der Übertragung dieser therapeutischen Aufgabe nicht überfordert seien. Die seit vierzig Jahren anhaltende Forschungstätigkeit hat solche Befürchtungen entkräftet und zu vermehrtem Wissen über differenzielle Wirkungen geführt (siehe dazu Kapitel 10 in diesem Band). Die inzwischen etablierte filialtherapeutische Praxis hat eine Verfeinerung der Methoden gebracht, so dass dieser Ansatz nun auch lehrbar und trainierbar geworden ist (siehe van Fleet, 2005; Landreth & Bratton, 2006). Es bleibt zu hoffen, dass das Verfahren sich nun endlich auch hierzulande in Zukunft durchsetzen wird – wozu die Veröffentlichung dieses Bandes eingestandenermaßen beitragen soll.

Um das Verfahren der Filialtherapie in seinem Grundanliegen verstehen zu können, ist es notwendig, sich den Grundlagen der Personenzentrierten Spieltherapie zuzuwenden, denn Begriffe und Verfahrensweisen der Filialtherapie werden teilweise erst auf dem Hintergrund des Wissens um die Spieltherapie verständlich. Deshalb wird im nächsten Kapitel der Ansatz der Personenzentrierten Spieltherapie mit seinen philosophischen Grundlagen und Konzepten kurz dargestellt.

Kapitel 4
Die Personenzentrierte Spieltherapie als Ausgangsbasis

Die Personenzentrierte Spieltherapie und die Filialtherapie sind vom philosophischen Ansatz her der Humanistischen Psychologie zuzuordnen, die sich neben dem Behaviorismus und der Psychoanalyse als dritte Kraft versteht. Die Begründer dieser Bewegung waren Abraham Maslow (1977) und Carl Rogers (1942), die sich ausgesprochen oder unausgesprochen auf die zu jener Zeit maßgeblichen Existenzphilosophien Søren Kierkegaards, Edmund Hussels, Martin Heideggers, Carl Jaspers, Jean-Paul Sartres und Martin Bubers bezogen. Nach Quitmann (1985; 2000) gehen die Wurzeln der Humanistischen Psychologie auf geistige Strömungen der europäischen Existenzphilosophie zurück. Zentrale Setzungen bzw. Aspekte der Existenzphilosopie und der Phänomenologie, die in die Humanistische Psychologie eingeflossen sind (siehe dazu und zum Folgenden Quitmann, 2000, S. 161f), sind die folgenden:

- Wahl und Entscheidung,
- Angst und Freiheit als zwei Seiten der Geworfenheit menschlicher Existenz,
- Verantwortlichkeit,
- Gegenwärtigkeit,
- In-der-Welt-Sein.

Diese Aspekte finden sich praktisch bei allen humanistischen Psychologen wieder, beispielsweise bei Erich Fromm, Ruth Kohn, Fritz Perls, Charlotte Bühler und Abraham Maslow. Insbesondere Carl Rogers (1959; 1974; 1978) entwickelte ein Verständnis von *Freiheit*, das in einem engen Zusammenhang mit der Entfaltung des dem Individuum innewohnenden Entwicklungspotenzials, das auf Wachstum und Selbstverwirklichung ausgerichtet ist, steht. Auch der Aspekt der freien Entscheidung, der persönlichen Wahl und der individuellen Verantwortung findet sich in allen Konzepten der Humanistischen Psychologie wieder.

„Wahl und Entscheidung ist für alle eine Ausdrucksform der Freiheit, die eine Verantwortlichkeit hinsichtlich der Konsequenzen des Wählens und Entscheidens gegenüber sich selbst und den Mitmenschen einschließt. Rogers und Maslow betrachten dabei Wahl und Entscheidung als eine Möglichkeit des Menschen, die er aufgrund der ihm eigenen Freiheit nutzen kann und sollte" (Quitmann, 2000, S. 166). Das *Hier-und-Jetzt* als Aspekt der *Gegenwärtigkeit* wird zum Ausgangspunkt aller humanistisch orientierten Therapien wie auch der Personenzentrierten Spieltherapie und der Filialtherapie. Die Wahrnehmung und Bewusstheit ist auf die subjektive Wirklichkeit des Klienten gerichtet, wie sie sich im Moment darstellt. Das Selbst bei Rogers wird als Hier-und-Jetzt-Selbst konzipiert und stellt gewissermaßen die Basis für alle künftigen Entwicklungen in Richtung auf Wachstum und Selbstverwirklichung dar. „Ansatzpunkt des therapeutischen oder pädagogischen Geschehens sind immer das Erleben und die Erfahrung in der gegenwärtigen Situation" (Quitmann, 2000, 167). Der Aspekt des *In-Der-Welt-Seins* als Intentionalität des Denken und Handelns grenzt die Humanistische Psychologie gegen psychoanalytisches Denken ab. „Gerade auch in Abgrenzung zur Psychoanalyse, die weitgehend das Unterbewußtsein für das Verhalten eines Menschen verantwortlich macht, betont der Aspekt der Intentionalität die Bedeutung der Bewußtheit menschlichen Verhaltens und verlegt damit die Verantwortlichkeit für das Verhalten eines Menschen, vor allem für seine Entscheidungen, in die Person selbst" (Quitmann, a.a.O., S. 167). Dieser Aspekt betrifft auch die sog. *Ganzheitlichkeit*, ein Aspekt des *In-der-Welt-Seins*, der geradezu ein Merkmal menschlicher Existenz ausmacht. *Ganzheitlichkeit* bedeutet in der Humanistischen Psychologie zugleich die Einzigartigkeit des Individuums hinsichtlich Körper, Geist und Seele. Auch der Buber'sche Aspekt der Ich-Du-Begegnung findet sich bei Rogers als Person-to-Person-Konzept wieder (Rogers, 1966). Die *Ganzheitlichkeit* bezieht sich darüber hinaus auch auf die Eingebundenheit des Individuums in einen gesellschaftlichem Kontext, worauf Rogers (1978) in seinen späteren Arbeiten immer wieder hingewiesen hat. „Auf allen Ebenen bewirkt das Prinzip der Ganzheitlichkeit eine Aufhebung von Polaritäten, sei es zwischen Kopf und Gefühl, Ich und Du, Ich und Gruppe, Ich und Umwelt, sowie auch in der Wertefrage bewirkt sie eine Aufhebung der Polaritäten, z.B. von richtig und falsch, gut und böse, gerecht und ungerecht, Täter und Opfer usw" (Quitmann, a.a.O., S. 168).

Zum Konzept der *Intentionalität* der Existenzphilosophie gehört das humanistische Konzept der *Selbstverwirklichung*, wie es von Rogers an vielen Stellen ausformuliert worden ist. Danach wohnt dem menschlichen Organismus ein Bestreben inne, sich fortzuentwickeln, d.h. eigene Grenzen zu überschreiten und sich auf höhere, sinnhafte, wertvolle Ziele hinzubewegen. Im Gegensatz zu Abraham Maslow (Maslow, 1977) wird Selbstverwirklichung von Rogers nicht als feststellbarer Punkt auf der Zeitachse (z.B. in Form einer Gipfelerfahrung) gesehen, sondern als lebenslänglicher, nie abgeschlossener Prozess. Bei Rogers wird die Selbstverwirklichung nicht als innerpsychischer Klärungsprozess, sondern als Ergebnis einer Personenbegegnung beschrieben. „Der Auffassung der Selbstverwirklichung liegen zwei Annahmen zugrunde. Zum einen die Annahme, daß die menschlichen Potentiale zum größten Teil brachliegen ... und auf organismischem Wege ... zur Entfaltung drängen, zum anderen die Annahme, daß die mit der Tendenz zur Selbstverwirklichung einhergehenden Probleme, Schwierigkeiten und Spannungen vom Menschen als lustvoll erlebt werden können" (Quitmann, a.a.O., S. 169); auch an dieser Stelle grenzt sich die Humanistische Psychologie von der Psychoanalyse ab, in der Spannungsreduktion als Notwendigkeit gesehen wird, dass Menschen sich weiter entwickeln können.

Die hier kommentierten existenzphilosophischen Aspekte *Freiheit, Wahl und Entscheidung, Verantwortlichkeit, Gegenwärtigkeit* und *In-der-Welt-Sein* – mögen sie auch noch so abstrakt erscheinen – liegen der Filialtherapie und der Personenzentrierten Spieltherapie als Ausgangsphilosophie zugrunde. Aus diesen Überlegungen leitet sich nun das Konzept der Personenzentrierten Spieltherapie ab, das der Filialtherapie nahe verwandt ist.

4.1 Das Konzept der Personenzentrierten Spieltherapie

Mit der Personenzentrierten Spieltherapie ist ein kindertherapeutisches Verfahren gemeint, das auf dem Hintergrund des zuvor thematisierten personenzentrierten Ansatzes von Carl Rogers (1978) Kindern/Jugendlichen zu vermehrter Selbstanpassung unter Zuhilfenahme des Spiels verhelfen soll (siehe dazu und zum Folgenden Goetze, 2002; Landreth, 1991; Moustakas 1953; 1959; 1966). Dabei realisiert eine professionell trainierte Person in einer helfenden Beziehung zu einem Kind diese drei therapeutischen Grundhaltungen:

- Akzeptieren, Anteilnahme, Wertschätzung des Kindes;
- Echtheit, Unverfälschtheit, Transparenz als „enge(r) Entsprechung oder Kongruenz zwischen dem körperlichen Erleben, den Bewußtseinsinhalten und den Mitteilungen an den Klienten" durch den Helfer (Rogers, 1978, S. 20);
- empathisches, einfühlendes Verstehen des Kindes, d.h. dass die helfende Person die Gefühle und persönlichen Bedeutungsgehalte, die von dem Kind im Spiel erfahren werden, genau spürt und dieses Verständnis dem Kind gegenüber auf verbale, paraverbale oder aktionale Weise kommuniziert.

Diese drei Grundhaltungen müssen in der Arbeit mit Kindern um weitere Kompetenzen ergänzt werden, dazu zählen die Bereitschaft zum Mitspielen, die Herstellung eines kindangemessenen Angebotes in Form von Spielmaterialien, das Sich-Einbringen des Helfers in das Spiel des Kindes und weitere, auf das Kind zugeschnittene Hilfen. Das Spieltherapiekonzept geht von der Annahme aus, dass es bei hinreichender, kontrollierter Verwirklichung dieser Haltungen und Kompetenzen der helfenden Person zu Erlebens- und Verhaltensänderungen des kindlichen Klienten kommen wird (Landreth, 2002, Weinberger, 2007). Diese Änderungen sollen teilweise äußerlich beobachtbar und damit registrierbar sein, sich vor allem in einer veränderten Wahrnehmung und Einstellung des Kindes manifestieren, die wiederum von der Ausgangslage und Lerngeschichte des Kindes abhängt. In der Sprache der Humanistischen Psychologie wird das Ziel angestrebt, neue Verhaltens- und Erlebensmöglichkeiten und damit Selbsterfahrungen aufzusuchen, zu erschließen und bewusst zu symbolisieren und damit das Kind zu vermehrter Anpassung an die eigenen Möglichkeiten im sozialen Kontext zu führen.

Der Weg einer Spieltherapie führt über definierbare Prozesse, über deren Verlauf und sprachliche Etikettierung in der Fachliteratur noch wenig Einigkeit erzielt worden ist. Die zentralen Prozessstadien sind bei (Goetze, 1994; 2002) beschrieben worden. Danach werden voneinander abgegrenzt:

- non-personales Stadium,
- non-direktives Stadium,
- klientenzentriertes Stadium,
- personenzentriertes Stadium.

Für den Kontext der Filialtherapie ist das non-direktive Stadium entscheidend, für das das Spieltherapiekonzept von Virginia Axline (1947; 2002) maßgeblich ist. Das Kind kann unter freiheitlichen Bedingungen die Spielumgebung und die Person der Helferperson explorieren, die Helferperson wiederum lernt Stärken und Schwächen des Kindes während des Beziehungsaufbaus kennen. Im Mittelpunkt stehen die Erlebnis- und Erfahrungswelt des Kindes, eine personenbezogene Beziehung, die durch Partnerschaftlichkeit, gegenseitige Achtung, soziale Reversibilität im Sprechen und Handeln, wechselseitige Hilfe und Anteilnahme, Offenheit und Aufrichtigkeit gekennzeichnet ist. Das Kind erfährt einen Freiraum, den es nach eigenen Wünschen ausfüllen kann. Der Therapeut nimmt sich zunächst als Person zurück und lässt das Kind gewähren. Er richtet seine ganze gefühlsmäßige Anteilnahme und Aufmerksamkeit auf das Kind aus, um es so kennen zu lernen, wie es sich momentan fühlt.

Um therapeutische Prozesse auf den Weg zu bringen, wird ein definierbares *Methodenrepertoire* realisiert, das sich auf so unterschiedliche Aspekte wie die äußerliche Gestaltung und Ausstattung, die sprachlichen Kompetenzen des Helfers und den gezielten Einsatz spieltherapeutischer Materialien und Medien bezieht (siehe Goetze, 2002). Wie sich zeigen wird, sind diese Bedingungen nur wenig unterschiedlich bei der klassischen Spieltherapie und Filialtherapie.

Das methodische Vorgehen in der Personenzentrierten Spieltherapie geht von einer *Eingangsdiagnostik* aus, bezieht sich dann auch auf die rein *physikalischen Voraussetzungen* der Räumlichkeit (mit ausgewiesenen Merkmalen und ausgesuchten Spielmitteln) und die *Strukturierung der Sitzungen* (die Platzierung der Spielsitzungen, Therapiedauer, Vertraulichkeit der Mitteilungen des Kindes, Video- und Tonaufzeichnungen, mitgebrachte Spielsachen, Protokollierung der Sitzungen, Beendigung der Spieltherapie und Therapeutenwechsel betreffend).

Zur Methodik gehören Lösungen von Problemen, die vor und während der *Erstsitzung* anzugehen sind (z.B. Probleme mit schweigsamen Kindern, Einführung von Ritualen, Gestaltung des Sitzungsabschlusses), die im Rahmen der Filialtherapie unter dem Stichwort ORIENTIEREN später behandelt werden.

Zentrale Aufmerksamkeit wird im Methodenkonzept den *Therapeutenkompetenzen* zugewiesen (Echtheit und Selbstkongruenz, positive Wertschätzung und emotionale Wärme, einfühlendes/nicht-wertendes Verstehen, aber auch aktives Mitspielen). Die entsprechenden filialtherapeutischen Kompetenzen tragen die Titel REFLEKTIEREN und MITSPIELEN.

Typischerweise nimmt die Auseinandersetzung mit *Grenzsetzungen* im Methodenkonzept der Spieltherapie einen breiten Raum ein, wobei folgende Aspekte eine Rolle spielen: Begründung des Begrenzungsprinzips (Sicherheit gewährleisten, Erlernen von Selbstkontrolle, Konsistenz gewährleisten, Sachbeschädigungen vorbeugen), Grenzsetzungskategorien (in absolute und praktische sowie klinische und relative Grenzen, aber auch persönliche Grenzen des Therapeuten), Umsetzung des Begrenzungsprinzips (Unterlassen von autoritären

Verhaltensweisen, sprachliche Formulierung und Verhaltensregeln, Zeitpunkt der Verbalisierung, Durchsetzbarkeit, Benennung klarer, nicht diffuser Grenzen, Bearbeitungsschritte bei Grenzverletzungen sowie mögliche körperliche Eingriffe zur Durchsetzung absoluter Grenzen). Der entsprechenden filialtherapeutischen Kompetenz GRENZENSETZEN wird ein ausführliches Kapitel gewidmet sein.

Last but not least gehören zum Methodenkonzept der Spieltherapie die bereit gestellten und spontan oder geplant genutzten *Medien und Materialien*. Dazu gehören die sog. *kreativen Medien* (Zeichnen und Malen, Fingermalen, Ton und Knete, Puppen in unterschiedlichen Formen, Einsatz des Sandkastens, das Spielen mit Wasser im Spielzimmer), aber auch die typischen *Konstruktions- und Kommunikationsspiele*, schließlich *Rollenspiele* und psychodramatische Aufführungen. Im klientenzentrierten Stadium können noch ganz andere Methoden eingesetzt werden wie Metaphergeschichten und Entspannungsübungen. Das weite Feld in der Spieltherapie einsetzbarer Medien und Materialien wird für den Kontext der Filialtherapie zwangsläufig einem engeren Maßstab folgen. Wie sich jedoch zeigen wird, geht es um eine quantitative, nicht um eine qualitative Reduktion des Materialangebotes.

Das methodische Konzept der Personenzentrierten Spieltherapie stellt sich damit von seinem philosophischen Ansatz her als anspruchsvoll dar, was sich an den intendierten Prozessen, eingebrachten Medien und Materialien und letztlich an der Beziehungsgestaltung zeigt. Die genannten Aspekte finden sich im Konzept der Filialtherapie wieder, jedoch wird sich zeigen, dass die Zielstellung hier teilweise eine andere ist, die sich an den Ansprüchen der Filialtherapie orientiert.

Kapitel 5
Ziele der Filialtherapie

Prävention und Intervention bei Interaktionsproblemen zwischen der Bezugsperson und dem Kind sind die zentralen Ziele eines filialtherapeutischen Trainings: Die Beziehung soll verbessert werden, indem den Bezugspersonen die Grundlagen und Prinzipien der Personenzentrierten Spieltherapie vermittelt werden, wie sie im vorangegangenen Abschnitt zusammenfassend dargestellt worden sind.

Die Legitimation des Einsatzes der Filialtherapie ergibt sich bereits aus primär-präventiven Überlegungen: Die Filialtherapie stellt Bedingungen für verbesserte Entwicklungschancen des Kindes her. Erziehungskompetenzen der Bezugspersonen sollen gesteigert, familiäre Selbsthilfepotenziale sollen aktiviert werden. Eltern erfahren, dass sie eine Intervention durchführen, die sie zuerst weitgehend und später ausschließlich selbst kontrollieren können. Selbstkontrolle heißt hier, sich nicht längerfristig von einem Experten abhängig zu machen, sondern für sich selbst entscheiden zu können, in welchem Ausmaß man Anregungen von außen für das eigene Denken und Handeln zulassen möchte. Bezugspersonen verfolgen auch das Ziel, eine im Laufe der Zeit schwierig gewordene Beziehung zum eigenen Kind zu ändern und Kontrollverlust-Gefühle zu mindern.

Wollte man mit Guerney (2000) die wesentlichen Ziele einer Filialtherapie auf den Punkt bringen, so handelt es sich auf Seiten der Eltern darum,
- mehr Verständnis für das Kind zu entwickeln,
- mehr Zuversicht in die eigenen Erziehungskompetenzen zu entwickeln und
- engere Beziehungen zum Kind zu entwickeln.

Auf Seiten des Kindes würde das Erreichen dieser Ziele dazu führen,
- sich von der Bezugsperson besser verstanden zu fühlen,
- elterliche Interventionen annehmen zu können und
- eine engere Beziehung zur Bezugsperson entwickeln zu können.

Übergeordnetes Ziel einer Filialtherapie ist es demnach, Einstellungen und Handlungen der Bezugsperson ihrem Kind gegenüber in einer Weise zu verändern, dass das Kind sich besser verstanden fühlt und gern mit ihr zusammen sein möchte.

Das Kind erhält die Möglichkeit, sich im Spiel auszudrücken und zu entfalten. Damit wird das Ziel aktualisiert, die eigenen Gefühle zu verstehen. Dem Kind wird während der Spielstunde bewusst, dass Wünsche, Bedürfnisse, Motivationen zutage treten, die es auch äußern kann und auf die eingegangen wird. Mit der Bezugsperson hat es einen verstehenden und mitagierenden Mitspieler. Psychologisch wird damit das Ziel verfolgt, sein Vertrauen in die Erwachsenen zu steigern, nachdem es die Erfahrung gemacht hat, dass ihm selbst viel Vertrauen hinsichtlich seiner Selbstentfaltung entgegen gebracht wird. Durch Fremdvertrauen entsteht Selbstvertrauen in die eigenen Fähigkeiten. Auf diese Weise erlernt das Kind auch, zunehmend mehr Verantwortung für sich selbst zu übernehmen; damit ist ein Ziel angesprochen, auf das jede Erziehung in Elternhaus und Schule angelegt ist.

Letztlich wird mit der Durchführung einer Filialtherapie auch eine Reduktion vorhandener Störungssymptome angezielt. Dabei ist zu beachten, dass die Bearbeitung tiefgreifender Symptomatiken in den Kompetenzbereich von Spieltherapeuten und nicht der Bezugspersonen fällt. Untersuchungen zur Wirkung der Filialtherapie (vgl. Kapitel 10) haben ergeben, dass ein großes Spektrum an Störungen durch diese Intervention reduziert werden kann.

Auf Seiten der Bezugspersonen zeigen sich, wie bereits angesprochen, Zielprojektionen, die persönliche Einstellungen, Entwicklung zentraler Erziehungsskills und den konkreten Familienalltag betreffen. Langfristige Ziele sind Veränderungen von autoritativen zu kindzentrierten Erziehungseinstellungen. Dazu sind besseres Verstehen der kindlichen Entwicklung und Wahrnehmungswelt sowie vermehrte Toleranz zu zählen. Die Bezugsperson sollte nach dem Training die grundlegenden Rogers-Variablen der Empathie, Akzeptanz und Kongruenz entwickelt und verbessert haben. An Einzelskills sind werden sich aktives Zuhören, Mitspielen und Grenzensetzen entwickeln, so dass sich der Erziehungsalltag entstresster und die Alltagskommunikationen reversibler darstellen. Generell wird die Bezugsperson mehr Zuneigung und Vertrauen in das eigene Kind aufbauen und in der Lage sein, dem Kind Freiheitsspielräume zu gewähren. Sie ist dann auch dazu in der Lage, das eigene Handeln kritisch zu bewerten und daraus Konsequenzen zu ziehen. Sollte es vorher einiges an Spannungserleben in der Familie gegeben haben, so werden sich der eigene Stress und vorhandene Frustrationserlebnisse aufgrund nicht erfolgreicher Interventionen vermindern. Letztlich wird sich der Erfolg der Filialtherapie bei der Bezugsperson auch in Außenkommunikationen zeigen, die darauf gerichtet sein werden, Kindererziehung personenzentriert zu gestalten. Einen Überblick über die filialtherapeutischen Ziele für Kinder und Eltern bietet Tabelle 1.

Tab. 1: Ziele der Filialtherapie für Kinder und Bezugspersonen

Ziele für das Kind	Ziele für die Bezugsperson
Gefühle im Spiel auszudrücken	Autoritative Erziehungseinstellungen ändern besseres Verstehen der kindlichen Entwicklung und Wahrnehmungswelt
die eigenen Gefühle verstehen	
Wünsche, Bedürfnisse, Motivationen äußern	
Handlungsfertigkeiten entwickeln	vermehrte Toleranz
Vertrauen in die Erwachsenen steigern	Empathie, Akzeptanz und Kongruenz entwickeln
Selbstvertrauen entwickeln	aktives Zuhören, Mitspielen und Grenzensetzen entwickeln
Selbstverantwortung übernehmen	
Selbstkontrolle stärken	mehr Zuneigung und Vertrauen in das eigene Kind aufbauen und in der Lage
Problemlösefertigkeiten entwickeln	
Reduktion vorhandener Störungssymptome	nach außen kommunizieren
Positives Selbstkonzept entwickeln	

Diesem Zielkatalog liegt die Auffassung zugrunde, dass bei den Eltern nicht an den Erziehungsdefiziten gearbeitet wird, dass vielmehr an den vorhandenen Erziehungskompetenzen angesetzt und diese gesteigert werden. Kinder sollen nicht Gehorsam, sondern Selbstverantwortung übernehmen lernen, insbesondere, wenn es zu Auseinandersetzungen mit den Eltern kommt.

Offensichtlich sind die Zielvorstellungen für Kinder und Eltern nicht voneinander zu trennen, denn es gibt einen Zusammenhang zwischen den Interaktionsproblemen des Kindes und der elterlichen Beziehung zum Kind. Anders als die Spieltherapie setzt die Filialtherapie damit bei den Eltern an: Wenn es ihnen gelingt, die Prinzipien umzusetzen, werden die Ziele auf Seiten des Kindes erreichbar. Die Filialtherapie stärkt demnach die Selbsthilfepotenziale in den Familien.

Während des Filialtrainings werden die Eltern dazu angehalten, sich den genannten Zielen schrittweise erst einmal während der dreißigminütigen Spielsitzungen anzunähern. Langfristig ist jedoch angezielt, die genannten Kompetenzen auch im Alltag umzusetzen, wie im Kapitel 8 dieses Bandes weiter ausgeführt werden wird.

Kapitel 6
Die Beteiligten: Bezugsperson, Kind und Filialtherapeut/in

6.1 Die Bezugsperson (Mutter, Vater, Verwandte, Bekannte)

Die Beteiligten einer Filialtherapie sind neben dem Kind und dem Filialtherapeuten Elternpaare, Elternteile oder dem Kind nahestehende Bezugspersonen wie Verwandte oder gute Bekannte. In der Regel wird es die Mutter sein, die an einem Filialtraining teilnimmt (weshalb in diesem Buch häufiger von der Mutter gesprochen wird).

Die Motivation, an einem Filialtraining teilzunehmen, kann offensichtlich unterschiedlich gelagert sein. Manche Bezugspersonen melden sich aus Neugier an und wollen gern Kompetenzen dazu lernen oder sind an alternativen Interventionen interessiert, die sich in den eigenen vier Wänden auch durchführen lassen. Andere werden gezielt durch Berater oder Therapeuten auf diese Möglichkeit aufmerksam gemacht. Manche Eltern, die ansonsten wenig bereit sind, die Schwelle einer Beratungsstelle zu überschreiten, sind v. a. deshalb dafür offen, weil eine Filialtherapie eine vergleichsweise geringere Abhängigkeit von einem Experten verspricht. Die Teilnahme kann aber auch ganz anders motiviert sein: Da es hierzulande nur wenige ausgebildete Spieltherapeuten gibt, kann eine Filialtherapie auch als Alternative in einer Mangelsituation angesehen werden. Eine Filialtherapie zu starten, bietet sich aber auch an, wenn eine Spieltherapie durch einen Therapeuten zu einem vorläufigen Abschluss gekommen ist und das personenzentrierte Spiel in Richtung auf das Elternhaus generalisiert werden soll. Wenn zu Beginn einer Spieltherapie mit der Bezugsperson eine spätere Filialtherapie ins Auge gefasst wird, wird die Spieltherapie von ihr aus anderer Perspektive wahrgenommen. Argumente wie „spielen kann mein Kind auch zu Hause" treten dann in den Hintergrund zugunsten einer änderungsorientierten Einstellung, mit welcher der Wunsch verbunden ist, therapeutische Kompetenzen zu erlernen und in den eigenen Alltag zu realisieren.

Allerdings spielen an dieser Stelle auch Fragen der Indikation und Gegenindikation hinein. In der Fachliteratur wird ein breites Indikationsfeld befürwortet; demnach gibt es kaum Bezugspersonen, bei denen von der Durchführung einer Filialtherapie in reiner Form abgeraten wird. Aber es gibt Ausnahmen, bei denen eine Filialtherapie nicht angezeigt ist.

- Kontraindiziert ist eine Filialtherapie dann, wenn ein Verdacht auf Kindesmissbrauch besteht, wenn also eine Bezugsperson in der Täterrolle das Kind zum Objekt eigener Bedürfnisse gemacht hat. Wenn auch nur der Verdacht besteht, dass das Kind emotional, physisch oder sexuell von den Eltern oder einem Elternteil missbraucht wird, sollte so lange von der Durchführung einer Filialtherapie abgesehen werden, bis das Kind schützende Maßnahmen durchgeführt worden sind und die Täterschaft justiziabel geworden ist. Der Riss, der durch die Familie gegangen ist, könnte anschließend durch eine Filialtherapie mit einer nicht betroffenen Bezugsperson aufgefangen werden.
- Eltern, die aufgrund einer geistigen Behinderung intellektuell nicht dazu in der Lage sind, die basalen Therapeutenvariablen zu verstehen, einzuordnen und umzusetzen, kommen für eine Filialtherapie kaum in Frage. Diesen Eltern ist eher mit Konzepten gedient, bei denen direktere Anleitungen zur alltäglichen Lebensgestaltung mit dem Kind vermittelt werden und geholfen wird, einen produktiven (Spiel-)Kontakt mit dem Kind aufzubauen. Dabei können die Filialkompetenzen in basaler Form aber durchaus eingebracht werden.
- Bei den Gegenindikationen ist auch an Eltern zu denken, die (prä-)psychotische Symptome (z.B. aufgrund von Depression, Suizidalität, Substanzmissbrauch) aufweisen und selbst psychiatrischer Hilfe bedürfen.

- Die Filialtherapie ist nicht angezeigt, wenn es sich um selbstinkongruente Eltern handelt, die zum Beispiel traumatisiert sind. Eine gerade durchlittene traumatische Episode wie z. B. der Tod eines Angehörigen bietet eine denkbar schlechte Bedingung, zum personenzentrierten Spielpartner des Kindes im Rahmen einer Filialtherapie zu werden. Bei so gravierenden Lebensereignissen würde eher eine Gesprächstherapie angezeigt sein und eine Filialtherapie würde erst dann einsetzen, wenn der betreffende Elternteil wieder mehr Selbstkongruenz erlangt hat.
- Weiterhin ist die Filialtherapie dann nicht angezeigt, wenn die Eltern durch eigene Eheprobleme und unerfüllte Partnerbedürfnisse so eingeschränkt sind, dass es ihnen nicht gelingt, sich auf die emotionalen Bedürfnisse ihres Kindes einzustellen. Hier ist insbesondere an ernsthafte Ehekrisen zu denken. Solche Eltern sollten zunächst für sich selbst eine Eheberatung bzw. eine personenzentrierte Gesprächstherapie aufsuchen, bevor sie für sich und für ihr Kind von einer Filialtherapie profitieren können. Bei einem laufenden Scheidungsverfahren könnte eine Filialtherapie zudem für Zwecke des Kampfes um das Sorgerecht missbraucht werden.

Die aufgeführten Gegenindikationen sind also zu beachten, wenn die Durchführung einer Filialtherapie geplant ist. Die allgemeine Regel lautet, dass eine Filialtherapie dann nicht angezeigt ist, wenn die Bezugsperson so große Probleme mit sich selbst hat, dass sie nicht dazu in der Lage ist, die Bedürfnisse des Kindes wahrzunehmen, und wenn sie die Hauptursache für die kindlichen Probleme ist. Diese allgemeine Grenzlinie lässt jedoch offen, wann diese Grenze erreicht ist. Man muss sich dabei vergegenwärtigen, dass viele Kinder mit solchen Bezugspersonen in großer Dichte zusammen zu leben gezwungen sind. In jedem Falle sind dann kinderschützende Maßnahmen zu ergreifen, wozu eine Filialtherapie nicht zu zählen ist.

Wenn die genannten Hinderungsgründe ausgeschlossen werden können, kann das Vorhaben einer Filialtherapie ins Auge gefasst werden, und es stellt sich die Frage, wie man als Anleiter eine stabile Interessentengruppe formen kann, was wiederum von den örtlichen Gegebenheiten abhängt. Momentan sieht man sich wegen der Unbekanntheit des Verfahrens noch gezwungen, für eine Teilnahme zu werben. Insbesondere Anfängertherapeuten ist anzuraten, eine Filialtherapie zunächst mit Einzelpersonen durchzuführen, wie dies VanFleet (2005) praktiziert hat. Eine Gruppe mit interessierten Bezugspersonen bietet im Vergleich die für eine Gruppenarbeit typischen Vorteile der Gruppendynamik, der Vielzahl von Ansprechpartnern und der kommunikativen Erleichterungen untereinander. Die Arbeit mit Gruppen dauern jedoch auch etwas länger (etwa ein halbes Jahr). Der Vorteil solcher Gruppen ist v. a., dass ein Beobachtungslernen und eine Interaktion zwischen den Eltern auf direkte Weise stattfinden können. Die Eltern können sich gegenseitig in ihren Spielsitzungen beobachten, sich gegenseitig Rückmeldung geben und auch zusätzlich privat treffen. Da alle Beteiligten dieser Gruppen Gemeinsamkeiten haben, wird es ihnen leicht fallen, eine Beziehung aufzubauen. Elterngruppen bieten also den Vorteil, dass man sich informell über häusliche Erziehungsprobleme austauschen und dabei entdecken kann, dass man nicht allein steht, dass es Anderen ähnlich ergeht. Selbsthilfepotenziale können auf diese Weise aktiviert werden. Nachdem ein gewisser Grad an Vertrautheit hergestellt ist, fühlen sich die Beteiligten ermutigt, ihre Gefühle, seien sie noch so extrem, zum Ausdruck zu bringen. Um diese Atmosphäre der Vertrautheit und Offenheit entstehen zu lassen, wird der Filialtherapeut in den ersten Sitzungen als Gruppentrainer tätig werden, bis ein gewisses Ausmaß an Gruppenkohäsion erreicht ist. Dabei können erleichternde Fragen und Techniken eingesetzt werden wie z. B. ein Austausch über von den Eltern mitgebrachte Kinderbilder. So wird es für die Beteiligten erleichtert, über ihre Schwierigkeiten mit dem eigenen Kind zu sprechen. Aber nicht alle Probleme können in diesem Kontext gelöst werden. Der Filialtherapeut wird versprechen, darauf später zurück zu kommen und manche angesprochenen Inhalte vertagen. Mittelfristig soll eine Aktivierung der Selbsthilfepotenziale stattfinden, so dass die Rolle des alles wissenden Experten vermieden und Unabhängigkeit von ihm gestärkt wird.

Eine solche Gruppe aus fünf bis acht Mitgliedern wird mit der filialtherapeutischen Arbeit beginnen, sobald die Reihen gefüllt sind. Die Mindestzahl von drei Mitgliedern sollte möglichst nicht unterschritten werden, wenn die Verhältnisse dies zulassen, weil sonst die für eine Gruppe typische Dynamik nur in Ansätzen zustande kommt.

Es hat sich herausgestellt, dass die typische Teilnehmerin an Filialtherapiegruppen die Mutter ist, während der Vater eher selten in Erscheinung tritt. Bildungsaufgeschlossene Mütter sind dem Verfahren gegenüber eher aufgeschlossen als Mütter aus sozio-kulturell benachteiligten Milieus, die eher klare Anweisungen für Problemsituationen erwarten. In der Literatur wird jedoch auch über ermutigende Versuche mit Müttern mit eher geringem Bildungsgrad berichtet, was durch meine Erfahrungen bestätigt wird; denn die Liebe einer Mutter zu ihrem Kind ist von der sozialen Schichtzugehörigkeit oder vom Bildungsgrad nicht abhängig.

Wenn mehrere Kinder vorhanden sind, taucht die Frage auf, warum man nicht abwechselnd mit jedem Kind wechselweise Spielzeiten haben könnte. Hier gibt es eine feste Konsistenzregel: Die häuslichen Spielsitzungen werden stets mit demselben Kind von demselben Elternteil durchgeführt, um Konsistenz zu gewährleisten, aus der heraus erst eine neue Beziehungsqualität entstehen kann und auch die Spielthemen des Kindes verfolgt werden können. Bei mehreren Kindern in der Familie kann jedoch von diesem Standardvorgehen auch abgewichen und eine Möglichkeit aufgesucht werden; z.B. könnten Mutter und Vater zu getrennten Zeiten mit unterschiedlichen Kindern spielen, oder die Mutter könnte nach einem Monat mit einem weiteren Kind spielen. Man wird am besten mit dem Kind starten, welches das Spielangebot am nötigsten hat.

Nachdem die Eltern entschlossen sind, eine Filialtherapie mitzumachen, sollten sie ihr Kind für das gemeinsame Vorhaben gewinnen und eine entsprechende Absprache über Ziele, Raum, Zeit und Material treffen. Manche Bezugsperson ist sich allerdings unsicher, wie sie dem Kind erklären soll, wozu die Spielsitzungen gut sein sollen. Sie sollte keine langen Erklärungen dazu abgeben, sondern knapp mitteilen, dass sie so etwas gern tun würde, um besser mit dem Kind zurechtzukommen, und dabei würde dann auch die Filialkursteilnahme helfen,

Wenn alle Vorkehrungen getroffen sind, ist damit jedoch nicht gewährleistet, dass mögliche Konflikte nicht doch auftreten können.

So könnten Zweifel auftauchen, dass die Filialtherapie wirklich Probleme lösen hilft, die immer wieder zu Haus auftreten, außerdem spielt das Kind ja sonst auch schon sehr viel – so die Argumentation. Solchen Zweifeln ist mit Informationen über die Ziele der Filialtherapie und die zu beschreitenden Wege zu begegnen. Argumentativ lässt sich herausstellen, dass die Kinder ungeteilte Aufmerksamkeit geschenkt bekommen wie sonst kaum, sie erhalten eine hervorragende Gelegenheit, Probleme auszuspielen, Fehler machen zu dürfen, Selbstkontrolle zu entwickeln und sich verstanden zu fühlen. Mithilfe von vorher und nachher ausgefüllten Instrumenten wie Fragebögen wird der Erfolg zudem demonstrierbar.

Nachdem die Sitzungen angefangen haben, könnte sich die Bezugsperson mit der Unzufriedenheit des Kindes über das ausgelegte Spielmaterial konfrontiert sehen, denn manche Kinder erwarten Gameboys, Computerspiele u.ä. Hier wäre eines feste Reaktion der Bezugsperson notwendig, dass das Kind diese Zeit so ausfüllen kann, wie es das möchte, man kann mit dem angebotenen Material während dieser 30 Minuten spielen oder auch einfach miteinander sprechen, aber es ist immer die Entscheidung des Kindes, wie die Zeit miteinander verbracht wird.

Im weiteren Verlauf der Spielsitzungen könnte die Bezugsperson sich durch das kindliche Spiel gelangweilt fühlen, sie kann nichts Besonderes im Spiel entdecken, insbesondere dann, wenn sich Spiele wiederholen. Entgegnen ließe sich: Wenn ein Kind seine Spiele immer wieder spielt, dann ist das nicht ungewöhnlich; es kann bedeuten, dass das Kind ein Problem bearbeitet, sein Können erweitern will, sich auf dem Weg zu etwas Neuem befindet oder eine intensive Emotion verarbeitet, etwas integrieren, ein Bedürfnis ausdrücken möchte, ohne dass das nach außen sichtbar wäre. Entscheidend ist, dass das Kind in sein Spiel involviert ist, dass das

Kind selbst sein Spiel bedeutsam findet, auch wenn man das äußerlich nicht erkennen kann. Dass man sich gelangweilt fühlt, hat oft etwas mit dem elterlichen und nicht dem kindlichen Stress zu tun.

Ein anderes Problem könnte dadurch entstehen, dass das Kind schon nach kurzer Zeit aufhören und den Raum verlassen möchte. Auch hier wäre eine feste Haltung erforderlich, indem zuerst der Wunsch des Kindes reflektiert wird, anschließend eine Mitteilung erfolgt, wie viel Zeit noch vorhanden ist, und schließlich gesagt wird, dass man möchte, dass das Kind verabredungsgemäß noch im Raum bleibt. Das Kind sollte jedoch nicht dazu gezwungen, vielmehr nach seinen Gründen befragt werden. Wenn die Bezugsperson den Grund verstehen kann, ließen sich vielleicht kreative Auswege finden. Dasselbe gilt für die Situation, wenn das Kind augenscheinlich keine Lust dazu hat, eine Spielsitzung zu beginnen. Wiederum würde man in dieser Situation das Gefühl des Kindes reflektieren und anschließend vielleicht den Vorschlag unterbreiten, wenigstens 10 Minuten zu bleiben und dann neu zu entscheiden. In den meisten Fällen wird anschließend die gesamte Spielzeit genutzt.

Mit den zuletzt angesprochenen Problemen ist bereits die so wichtige Rolle des für die Filialtherapie ausgewählten Kindes angesprochen.

6.2 Das für die Filialtherapie ausgewählte Kind

Die Auswahl des für die Filialtherapie ausgewählten Kindes wird kaum problematisch sein, wenn eine Einzelspieltherapie vorausgegangen ist. In Mehrfachkindfamilien wird dagegen zu entscheiden sein, mit welchem Kind (zuerst) gespielt wird. Es sollte gesichert sein, dass alle Kinder einer Familie gleichzeitig – wenn mehrere trainierte Bezugspersonen zur Verfügung stehen oder eine Bezugsperson mehrere wöchentliche Spielsitzungen durchführen kann –, oder nacheinander Spielstunden bekommen können (siehe Guerney, 1964, und Landreth & Bratton, 2006). Prinzipiell jedoch wird die Bezugsperson dazu angehalten, die wöchentlich stattfindenden Spielsitzungen mit nur einem Kind durchzuführen, auch wenn mehrere Kinder in der Familie vorhanden sind, um sich nicht zu überfordern.

Filialtherapien können, worauf oben hingewiesen wurde, aus primär- oder aus sekundärpräventiven Gründen durchgeführt werden. Geht es um die Primärprävention, ist das Ziel die Stärkung von Psychohygiene, ohne dass sich bereits ein Problem manifestiert hätte (Goetze, 2001, S. 46). Die Filialtherapie als proaktive Intervention richtet sich also an Kinder, die keine Auffälligkeiten aufweisen, für die man jedoch filialtherapeutisch orientierte Spielstunden trotzdem für angezeigt hält, um möglichen psychosozialen Risiken im Vorfeld zu begegnen. Dazu wären Kinder zu zählen, die von berufsbedingten elterlichen Umzügen betroffen sind, adoptiert werden sollen bzw. deren Eltern beabsichtigen, sich scheiden zu lassen (vgl. VanFleet, 2005, S. 58ff). Man wird auf dieser Ebene auf eine Differentialdiagnostik verzichten, sich vielmehr auf das fachkundige Urteil von Fachleuten vor Ort verlassen.

Anders verhält es sich mit sekundärpräventiven Maßnahmen, die sich an Kinder richten,
- die einer Hochrisikogruppe angehören, wenn die Eltern traumatischen Ereignissen ausgesetzt sind, wenn Eltern ihr Kind missbraucht oder vernachlässigt haben oder delinquent, alkohol- bzw. drogenabhängig sind bzw.
- die Risikosignale in Form von Symptomen bzw. Syndromen entwickelt haben (vgl. Goetze 2001, S. 50 ff); dazu zählen nach VanFleet (2005, S. 58ff) Kinder mit Depression, chronischen Krankheiten, ausgeprägter Ängstlichkeit, Perfektionismus, Ausscheidungsproblemen, ADHS, Bindungsstörungen und Verhaltensstörungen in Form von Oppositionsverhalten. (In Kapitel 8 zu den empirischen Fundierungen wird berichtet, in welcher Weise die Filialtherapie bei Störungen dieser Art indiziert erscheint.)

Auf dieser sekundärpräventiven Ebene wird es notwendig, eine systemische Differentialdagnose zu erstellen, wozu der Einsatz so unterschiedlicher Instrumente wie Interviews, Fragebögen, sog. Projektiver Tests, Leistungs- und Intelligenztests, Verhaltensbeobachtung (v.a. des Spielverhaltens) gehört. Das Diagnoseteam wird anschließend über die Indikation einer Filialtherapie mit dem Zielkind entscheiden.

In der Forschungsliteratur gibt es kaum Hinweise zum Einsatz der Filialtherapie als Tertiärprävention. Unter Tertiärprävention wird gemeinhin verstanden, dass manifestierte Symptome therapeutisch aufgefangen und Verschlimmerungen vermieden werden sollen (vgl. Goetze 2001, S. 52 ff.). In solchen Zusammenhängen von Prävention zu sprechen, ist von verschiedener Seite als sprachlicher Fehlgriff („Misnomer") kritisiert worden. Auf dieser Ebene sind die kindlichen Störungen so tiefgreifend, dass sie einer Therapie durch Fachleute bedürfen und damit einer Filialtherapie zunächst nicht zugänglich sind. Allerdings ist die Forschungslage in dieser Frage noch unbefriedigend.

Ist das Kind für eine Filialtherapie ausgesucht, wird die Bezugsperson es auf das Vorhaben in einem Gespräch vorbereiten und die Einzelheiten klären. In aller Offenheit wird die Bezugsperson die entsprechenden Informationen mitteilen und das Kind um sein prinzipielles Einverständnis bitten, aber auch seine Zustimmung in Einzelfragen einholen. Das Kind sollte möglichst an Einzelentscheidungen beteiligt sein, z.B. bei der Auswahl des Spielortes in der Wohnung, beim wöchentlich wiederkehrenden Zeitpunkt. Nicht verhandelbar sind die dreißigminütige Dauer, die Zahl der Spielsitzungen, Auswahl und Zugänglichkeit der einbezogenen Spielsachen. Dass die Bezugsperson an einer Elterngruppe teilnimmt, sollte ebenfalls als eine Lerngelegenheit begründet werden, noch besser miteinander zurechtzukommen. Das Verhandlungsergebnis sollte vielleicht schriftlich fixiert und als kleiner Vertrag von beiden Seiten unterzeichnet werden, um die Verlässlichkeit der Verabredung zu gewährleisten.

Die Erfahrung hat gezeigt, dass das Angebot von Kindern gern bis begeistert angenommen wird. Kleinere Konflikte stellen sich oft ein, nachdem die Filialtherapie angefangen hat. Die Bezugspersonen werden auf die typischen Kinderfragen in der Elterngruppe vorbereitet und sind angehalten, zunächst die Frage des Kindes möglichst mit positiver Ausrichtung zu reflektieren und erst anschließend eine offene Antwort zu geben. So könnte ein Kind zu Beginn der ersten Sitzung mit unsicherer Stimme fragen: „Was soll ich denn jetzt spielen?" Die Mutter wird diese Frage weder bewerten noch ihren negativen Ausdruck reflektieren, sondern vielleicht antworten, ohne eine besondere Aktivität nahe zu legen: „Das ist deine Zeit, hier und jetzt kannst du entscheiden, was du spielen möchtest."

Manche Kinder schauen etwas kritisch auf das ausgelegte Material und fragen: „Kann ich meinen Gameboy holen?" Die Mutter wird ihr Verständnis durch eine Reflexion signalisieren („Du hättest da schon eine Idee …"), aber dann wie beiläufig bemerken: „Damit kannst du später spielen." Der Dialog könnte weitergehen, wenn das Kind insistiert „Ich finde es nämlich langweilig hier", woraufhin wiederum eine Reflexion erfolgt: „Du möchtest es interessanter haben. Aber allein du entscheidest, was wir machen."

Zum Stundenende könnte diese Frage auftauchen: „Warum können wir nicht länger zusammen spielen?" Wiederum könnte reflektiert werden, ergänzt um die Perspektive, dass wir in einer Woche weiterspielen können.

Eine andere Frage des Kindes könnte sich auf die besondere Kommunikationsform der Bezugsperson richten, denn sie praktiziert in der Spielstunde das neu erlernte Skill-Reflektieren, was sich für manche Kinder merkwürdig anhört, da die Mutter ja sonst ganz anders spricht. Sie fragen vielleicht: „Warum wiederholst du eigentlich immer das, was ich vorher schon gesagt habe?" Hier würde man vielleicht reflektieren: „Das scheint dich zu stören, wie ich hier mit dir spreche." Man könnte dann fortfahren: „Wenn ich so spreche, hörst du, was ich verstanden habe, und ich möchte sicher sein, dass ich dich richtig verstanden habe, und du kannst es mir ja dann sagen, wenn es nicht stimmt." Wenn das Kind mit dieser Antwort nicht zufrieden ist und sagt „Du redest hier ja wirklich komisch", könnte man hinzufügen: „Das hört sich für dich so anders an. Aber ich hatte dir ja erzählt, dass ich abends zu einer Gruppe fahre, wo ich lerne, dich besser zu verstehen und besser mit dir zu spielen."

Kinder können sehr kreativ sein, wenn sie Fragen stellen, und manchmal sind dann auch kreative Antworten im Rahmen des filialtherapeutischen Settings angesagt.

6.3 Die Person des Filialtherapeuten/ der Filialtherapeutin

Die dritte beteiligte Person ist der Filialtherapeut bzw. die Filialtherapeutin. Bei dieser Person handelt es sich um eine mit der Spieltherapie vertraute Fachkraft, die sich optimalerweise einem Zusatztraining in der Filialtherapie unterzogen hat und eigene Filialtherapieerfahrung aufweisen kann. An sie sind diejenigen Kriterien anzulegen, die für Kinder- und Jugendlichenpsychotherapeuten gelten. Die formalen Anforderungen unterscheiden sich in Ländern Europas und den Staaten der USA jedoch erheblich. Bedauerlicherweise und nicht nachvollziehbarerweise ist in Deutschland – einzigartig in den westlichen Kulturkreisen – die klientenzentrierte Ausbildung für Kinder- und Jugendlichenpsychotherapie nicht durch die zuständigen Gremien anerkannt, man kann für die Zukunft nur hoffen, dass hier eine radikale Wende eintreten wird. Bedingt durch diese Situation gibt es hierzulande keine klaren, verlässlichen Ausbildungskriterien.

Solche klar definierten Anforderungen gibt es jedoch in den USA: Landreth und Bratton (2006) gehen z.B. von einen universitären Masterabschluss z.B. in Psychologie, einem erworbenen Zertifikat für Spieltherapie und von vorhandenen Spieltherapieerfahrungen aus. Für die am Spieltherapiezentrum der University of North Texas geltenden Ausbildungsleitlinien sind für Masterstudierende Seminare mit jeweils 3 Credit Points zu Einzelspieltherapie, Gruppenspieltherapie und Filialtherapie sowie ein Spieltherapie- sowie ein Filialtherapiepraktikum vorgesehen. Das anschließend durchzuführende Filialtherapiepraktikum kann eine gemeinsame Senior-Juniorleiter-Komponente enthalten: Ein angehender Filialtherapeut führt eine Elterngruppe gemeinsam mit einem Seniortherapeuten. Dadurch wird die psychische Belastung für den Juniortherapeuten minimiert und er lernt, wie man auch mit problematischen Situationen personenzentriert umgehen kann.

Hierzulande sind wir leider gegenwärtig in der misslichen Nicht-Anerkennungssituation der Gesprächstherapie von solchen, geradezu luxuriösen Ausbildungsbedingungen weit entfernt, und man kann nur hoffen, dass sich die zuständigen

Gremien endlich eines Besseren besinnen und durch die Anerkennung der Spieltherapie der großen Not der Betroffenen abhelfen. Wir müssen gegenwärtig also Kompromisse eingehen, was die Minimalqualifikationen für Filialtherapeuten betrifft: Formal sollte ein Basistraining in Spieltherapie abgeschlossen sein und man sollte eigene Spieltherapieerfahrungen aufweisen können. Die darauf aufbauende Filialtherapie muss derzeit im Selbsttraining erlernt werden – wozu diese Buchveröffentlichung einen wichtigen Beitrag leisten möchte. Optimalerweise würde man zusätzlich Kolleginnen und Kollegen in einem Team vorfinden, die sich dabei gegenseitig beraten und kontrollieren. Man kann natürlich nur hoffen, dass wir bald über solche sehr vorläufigen Minimalbedingungen hinaus kommen und zu einem soliden Ausbildungspaket finden. Dieser Situation zum Trotz ist danach zu fragen, welche Qualifikationen und Kompetenzen die Person des Filialtherapeuten/ der Filialtherapeutin aufweisen sollte.

Zunächst wird die Therapeutenperson die grundlegenden klientenzentrierten Variablen realisieren, wie sie aus der Gesprächspsychotherapie mit erwachsenen Klienten bekannt sind:

1. Echtheit, Unverfälschtheit, Transparenz als „enge(r) Entsprechung oder Kongruenz zwischen dem körperlichen Erleben, den Bewußtseinsinhalten und den Mitteilungen an den Klienten" durch den Helfer (Rogers, 1978, S. 20).
2. Akzeptieren, Anteilnahme, Wertschätzung des Kindes.
3. Empathisches, einfühlendes Verstehen des Kindes, d. h. „daß der Therapeut die Gefühle und persönlichen Bedeutungsgehalte, die von dem Klienten erfahren werden, genau spürt und dieses Verständnis dem Klienten kommuniziert" (Rogers, 1978, S. 21).

Die Rolle eines Spieltherapeuten geht jedoch über die des einfühlsamen, wertschätzenden und transparenten Gesprächspartners hinaus. Nach Beckmann-Herfurth (1999, S. 197 ff., siehe dazu auch Walkobinger, 2009) kommen an Kompetenzen hinzu: Spielpartner, Symbol-Decodierer, zeitweiser Elternersatz, Pädagoge, kinderschützender Anwalt. Als Gesprächspartner dem Kind mitzuteilen, was man verstanden hat, nachdem man „einen Zugang zum spezifisch kindlichen Erleben zu finden (versucht hat)" (Beckmann-Herfurth, S. 197), stellt bereits eine erhöhte Herausforderung dar, die ihn mitunter an die eigenen Grenzen bringen kann. „Er kann sie (die drei Variablen, H.G.) nicht mit jedem Klienten, nicht bei jeder Art von Inkongruenz erfüllen" (Beckmann-Herfurth, S. 201), woraus sich die Forderung nach der eigenen Lehrtherapie, Selbsterfahrung und kontinuierlicher Supervision (Beckmann-Herfurth, 1999, S. 209) – auch mit eigener Meditationspraxis (S. 211) – ergibt, damit man nicht von den eigenen alten, nicht symbolisierten Erlebensmustern eingeholt wird. Man muss die eigenen typischen Reaktionsmuster kennen, um als Resonanzboden für die kindlichen Gefühle zur Verfügung zu stehen. Anderenfalls droht die Gefahr, in die Falle nicht bewusster Gegenübertragungen zu tappen und damit die Situation des Kindes zu verschlimmern. „Wir sollten an unseren Grenzen arbeiten" (Beckmann-Herfurth, 1999, S. 209), um mit sich, mit dem Kind und mit der Welt in Kontakt zu bleiben.

Behr (2009) weist ebenfalls auf die Komplexität der an den Spieltherapeuten anzulegenden Kompetenzen auf dem Hintergrund des Beziehungsprinzips der Nichtdirektivität hin: „Dies hört sich leicht an, als wäre es eine gleichsam bescheidene Therapeutenrolle. In Wahrheit gestaltet sich das Verhalten der Therapeutenperson hoch komplex, auf der Grundlage differenzierter Wahrnehmungen und genau abgestimmter Interventionen" (Behr, 2009, S. 41). Auf dem Hintergrund bindungstheoretischer Erkenntnisse sind nach Behr an spieltherapeutische Kompetenzen Feinfühligkeit, Affektabstimmung und Interaktionsresonanz einzubringen. Damit wird deutlich, dass die persönlichen Voraussetzungen einer Spieltherapeutenperson komplex sind. Für einen Filialtherapeuten kommen weitere, v.a. *persönliche* Qualifikationen hinzu, zu denen Landreth und Bratton (2006, S. 36 ff.) u.a. die folgenden zählen:

- Akzeptanz, Wärme und Sich-Sorgen
- Bedrohungs- und Angstfreiheit, persönliche Sicherheit
- Momentzentriertheit und Zukunftsgerichtetheit und Mut
- Humor.

Aus diesen Kompetenzkatalogen wird deutlich, welche hohen Anforderungen an Spieltherapeuten zu stellen sind. Die Kompetenzanforderungen werden noch umfänglicher, wenn die betreffende Fachkraft Filialtherapien durchführt, dann kommen zusätzliche *didaktische, gruppenbezogene* und *supervisorisch-therapeutische* Kompetenzen zum Einsatz (siehe Guerney & Stover, 1972).

Das vorausgehende und begleitende Training der Bezugspersonen macht zunächst *didaktische Vermittlungskompetenzen* notwendig, denn die Beteiligten sollen in die Lage versetzt werden, die notwendigen Informationen zu verarbeiten und über das Verfahren so weit orientiert zu sein, dass es für sie in den eigenen vier Wänden praktisch handhabbar wird. Der inhaltsvermittelnde Anteil sollte durch eine Anleiterperson erfolgen, die dazu in der Lage ist, die Inhalte klar, sprachlich deutlich, anschaulich und strukturiert zu vermitteln. Der inhaltsvermittelnde Anteil ist klar zu strukturieren (z. B. mit einem Aushang über die Tagesordnungspunkte), weil nur wenige Zeitstunden dafür zur Verfügung stehen. Die Ausführungen dürfen dabei nicht in abstrakten Darstellungen des Menschenbildes und der Therapietheorie hängen bleiben. Auf dem Hintergrund der eigenen spieltherapeutischen Erfahrungen werden abstrakte Inhalte zu konkreten Anschauungen, indem beispielhafte eigene Spielstundenausschnitte vorgeführt, diskutiert und in Richtung auf filialtherapeutische Kompetenzen ausgewertet werden. Das Training macht es erforderlich, die Basiskompetenzen (siehe dazu das folgende Kapitel) logisch, schrittweise, erfolgssicher und in den Effekten nachprüfbar zu vermitteln. Zwar kann der Filialtherapeut dabei auf Anleitungen und Materialien dieses Buches zurückgreifen, jedoch sind diese immer wieder neu an die Voraussetzungen der Teilnehmerschaft anzupassen.

Da das Training regelhaft in einer Gruppe stattfindet, werden neben den didaktischen und gesprächstherapeutischen Kompetenzen *Fähigkeiten zur Gruppenführung* notwendig. Dazu zählen Organisationsfähigkeiten, non-direktive Gesprächsgestaltung, Einbringen von Einzelaktivitäten, Rollenspielen und Krisenaufarbeitung. Diese Kompetenzen in die Gruppenarbeit einzubringen, kann leichtfallen, wenn die

Gruppe eine hohe Aufnahmemotivation einbringt. Aber wenn die Äußerungen der Teilnehmer so gar nicht zum personenzentrierten Ansatz passen sollten, wird die Gruppenleitung schwieriger. Abweichende Äußerungen sind in jedem Fall zu respektieren. Kritisieren, Manipulieren und Überzeugen würde dem Ansatz widersprechen, vielmehr sollen die zugrunde liegenden Gefühle und vielleicht nicht symbolisierten Erfahrungen der kritisierenden Teilnehmer reflektiert werden. Dies umzusetzen, kann insbesondere dann schwer werden, wenn ein größerer elterlicher Anteil an den kindlichen Problemen offenbar wird. Die Bezugspersonen sollen nicht als Widerpart, vielmehr in jedem Fall als Helfer bei der Lösung gemeinsamer Aufgaben wahrgenommen und angesprochen werden. Eine angemessene Gruppenführung macht es erforderlich, mit zurückhaltenden Gruppenmitgliedern genauso gut klarzukommen wie mit dominanten oder gleichgültigen (die zudem nur unregelmäßig teilnehmen). Man muss sich einerseits in den Alltagsstress der Beteiligten einfühlen, andererseits aber die verabredeten Strukturen (z. B. die Erledigung von Hausaufgaben) durchsetzen können, soll die Unternehmung nicht an Äußerlichkeiten scheitern.

Die *Besprechung von Videoausschnitten* in der Gruppe erfolgt in Anlehnung an Supervisionsleitlinien. Wir sollten in diesem Zusammenhang besser nicht von Supervision (siehe dagegen Landreth & Bratton, 2005; VanFleet, 2005), sondern von supervisionsorientierten Rückmeldungen sprechen, da Supervisionen und Praxisberatungen einen ungemein höheren Aufwand erforderlich machen. Bei den ab der dritten Sitzung einsetzenden Nachbesprechungen wird es den Bezugspersonen vielleicht erst einmal schwer fallen, über die neu erlernten Kompetenzen zu reflektieren und über möglicherweise aufgetretene Misserfolge zu berichten. Hier wird der Filialtherapeut einfühlend reagieren, aber dennoch zu entsprechenden Gesprächsbeiträgen ermutigen. Dass es dabei zu gewissen Zurückhaltungen kommen kann, ist verständlich, denn der nun einsetzende Spielprozess mit dem eigenen Kind kann auch bisher unverarbeitete Erfahrungen aktualisieren, die sich in verdeckter oder offener Form als schmerzhafte Gefühle äußern können. Dabei wird der Filialtherapeut nicht der Gefahr erliegen, die Spielstundenbesprechung zu einer Einzeltherapie in der Gruppe oder einer Gruppentherapie mutieren zu lassen. Notfalls können auch Einzelgespräche nach einem Treffen durchgeführt werden, so dass die Gruppe mit persönlichen Problemen von Einzelnen nicht zu stark belastet und am Fortschreiten des Trainings nicht gehindert wird.

In verdeckter Form können massivere Widerstände – z.B. den Filialtherapeuten herausfordern, lange Reden halten, sich verweigern – zutage treten, die psychologisch dadurch begründet werden können, dass die Beteiligten Diskrepanzerfahrungen ausgesetzt sind, die möglicherweise Änderungen einer lebenslang verfestigten Einstellung notwendig machen. Probleme mit widerständigen Elternteilen müssten vorsichtig konfrontiert werden, vielleicht lassen sich Gründe in schmerzhaften eigenen Erfahrungen finden, die positiven Erwartungen keinen Raum lassen? Ermutigungen können ausgesprochen, Gegenfragen wie „Was könnte man da anders machen?" gestellt oder starke Ich-Botschaften des Filialtherapeuten gesendet werden. Im Ausnahmefall könnte jemand mit extremeren Erfahrungen und Einstellungen mit dem eigenen Kind in die Praxis zum filialtherapeutischen Spielen bestellt werden.

Dominante Teilnehmer können für das Gruppentraining ebenso zum Problem werden. Lange und wenig inhaltsreiche Redebeiträge signalisieren eine geringe Sensibilität für die Bedürfnisse der anderen Teilnehmer und können deshalb Spannungen erzeugen oder die Gruppendynamik zum Erliegen bringen, so dass ein darüber nicht zum Ausdruck gebrachter Ärger sogar zum Wegbleiben Einzelner führen kann. Einer dominanten Person sollte zunächst etwas Raum zur Aussprache gegeben werden, nach kurzer Zeit sollte der Filialtherapeut zusammenfassen, was gesagt wurde, und sich dann an die Gruppe wenden und um Stellungnahmen bitten. Beim Abdriften der Diskussion kann es notwendig werden, die Zahl der Beiträge zu begrenzen, Diskussionen auf später zu verlagern oder den Fokus behutsam auf die Filialtherapie zurück zu lenken.

Eine andere Form, innere Widersprüche zu verarbeiten, könnte sich in einer massiven Selbstabwertung („Ich mache immer alles falsch") einer Teilnehmerin äußern. Es wird einiger Anstrengungen bedürfen, den Fokus „falsch gemacht" hin zu „besser gemacht" zu verlagern. Die Bezugspersonen werden vom Filialtherapeuten daran erinnert, dass Änderungen Zeit brauchen, und dass die eigenen Änderungsziele nicht zu hoch gesteckt werden sollten.

Aus diesen Ausführungen zu den umfänglichen Kompetenzen eines Filialtherapeuten wird deutlich, dass eine Vielzahl von Rollen auszufüllen ist, deren Inhalte sich zudem auch noch widersprechen können. Es werden also sehr hohe Anforderungen gestellt, obwohl der Filialtherapeut in der Regel selbst keinen direkten Kontakt mit den Kindern der Elterngruppe hat. Bei aller Kompetenzkomplexität scheint jedoch die persönliche Ausstrahlung entscheidend zu sein. Wie der Filialtherapeut von den Bezugspersonen wahrgenommen wird, wird den Erfolg deutlich determinieren. „Der Erfolg einer Therapie hängt stark von der Kooperation, der hohen Motivation und einem guten Verhältnis zwischen Therapeut und Eltern sowie von den Einstellungen des Therapeuten ab und wie diese von den Eltern wahrgenommen werden" (Hosinner, 2008, S. 42). Der Filialtherapeut wird entsprechend alles daran setzen, sich als Person einzubringen und eine angemessene kooperative Gruppenatmosphäre zu schaffen, in der das Aussprechen auch von starken negativen Gefühlen – z.B. das eigene Kind betreffend – erwünscht ist. Landreth und Bratton schreiben sinngemäß (2006, S. 34): „Die Person des Therapeuten ist der alles entscheidende Faktor".

Kapitel 7
Der äußere Rahmen (Räumlichkeit, Spielmaterial, Zeitrahmen)

Der Raum, in welchem die Spielstunden stattfinden, soll nicht das Kinderzimmer sein, denn zu leicht würden die beiderseitigen Erwartungen und Ansprüche aufeinander prallen; die Bezugsperson würde vielleicht nur als ‚Gast' vom Kind in seiner Umgebung geduldet und behandelt werden. Die im Kinderzimmer bereits vorhandenen Spielsachen würden eher vom eingeschlagenen Weg und der Verfolgung von Spielthemen ablenken, weil sie nicht den für Filialtherapien erforderlichen Kriterien entsprechen (siehe unten).

Mitunter ist es gar nicht so einfach, einen geeigneten Spielort im Haus bzw. in der Wohnung zu finden. Der Spielort muss keineswegs ein eigenes, dafür hergerichtetes Spielzimmer sein, es kann sich vielmehr auch um eine Spielecke handeln, die für die ausgewiesenen dreißig Minuten hergerichtet und anschließend wieder abgebaut wird. Allerdings muss der Platz groß und offen genug sein, damit das Kind darin auch spielmäßig agieren kann. Deshalb sollten möglichst keine zerbrechlichen Gegenstände in der Nähe vorhanden sein. Der Platz sollte wenn möglich auch die Bereitstellung und den Umgang mit Wasser und Sand zulassen. Insbesondere bei beengten Wohnverhältnissen ist der Auswahl der Räumlichkeit besondere Aufmerksamkeit zu schenken, mitunter sind kreative Lösungen gefragt wie Küchenecken, Garagenplätze, Trockenböden, Hobbykeller. Man könnte also auf eine Ecke in der Küche oder im Bad, vielleicht auf den Keller oder auf die Garage ausweichen, soweit die Licht- und Temperaturverhältnisse dies zulassen. Auch sind abgeteilte kleine Spielecken innerhalb eines größeren Raumes wie eines Wohn- oder Schlafzimmers möglich. Der Raum sollte nur ein Minimum an

Verhaltensbegrenzungen erforderlich machen, andererseits ist der Aktionsradius festzulegen, innerhalb dessen gespielt werden kann; z.B. wird im Schlafzimmer das elterliche Ehebett, in der Küche der Elektroherd, in der Garage der PKW zum Spielen tabu sein. Um den Aktionsradius sichtbar zu machen, könnten ein ausgebreitetes Laken, ein leicht ausrollbarer Teppich oder Klebestreifenmarkierungen die Aktionsgrenzen definieren.

Die in die Spielsitzungen einzubeziehenden *Spielsachen* sollten ausschließlich für diese Spielstunden Verwendung finden, sie stehen also sonst dem Kind nicht zur Verfügung. Die Kosten können sich im Rahmen halten, möglicherweise kann auf vorhandenes Spielmaterial zurückgegriffen oder auf Flohmärkten billig erworben werden. Manches kann selbst hergestellt werden; es kommt also darauf an, preiswerte Möglichkeiten der Realisierung zu finden. So können z.B. Handpuppen leicht mit Hilfe von ausgedienten Socken hergestellt werden. Einige Plastikgegenstände können einbezogen, manches kann auch billig im Kaufhaus erworben werden. Die Kosten für das einzubeziehende Spielmaterial dürfen kein Hinderungsgrund für die Durchführung einer Filialtherapie sein.

Die Spielzeugauswahl in der Filialtherapie erfolgt nach denselben Kriterien wie in der Spieltherapie:
- Das Spielmaterial soll den Gefühlsausdruck erleichtern. Dagegen erlauben viele der üblichen Spielvorlagen nur ein schmales Band an Aktivitäten und Gefühlsausdruck, wie dies z.B. bei Brettspielen wie ‚Mensch ärgere Dich nicht' gegeben ist. Es sollten keine Spiele einbezogen werden, die erfolgreich nur nach vorgegebenen, engen Regeln zu spielen sind.
- Vielmehr sollten Materialien im Angebot sein, die es erlauben, Wutgefühle und Aggressionen zum Ausdruck zu bringen, denn viele Kinder haben Probleme damit, aggressive Gefühle auf sozial angemessene Weise zum Ausdruck zu bringen.
- Die Spielsachen sollten es dem Kind erlauben zu „regredieren", also wie ein wesentlich jüngeres Kind zu spielen.

Entsprechende Ausstattungsgegenstände wären: Babypuppen, Nuckelflaschen, Klappern etc.
- Da viele Kinder gerne Familienthemen ausspielen, sollte möglichst eine Puppenfamilie vorhanden sein.
- Einfache Konstruktionsmaterialien wie Lego oder Holzkötze sind einzubeziehen, da diese sowohl der Kreativität freien Lauf lassen, als auch Misserfolge ermöglichen, mit denen sich das Kind während der Spielstunde auseinander setzen kann.
- Handpuppen und Verkleidungsmöglichkeiten sollten ebenso vorhanden sein wie Sand, Papier, Buntstifte, Tuschkasten und möglicherweise auch Ton.

Dass manche, den Kindern bekannte Materialien nicht angeboten werden, steht in einem Zusammenhang mit den Zielen der Filialtherapie (siehe Kapitel 5). Tabelle 2 zeigt eine Auswahl einzubeziehender Spielmaterialien und therapeutische Funktionen, die ihnen zugeordnet sind.

Vor dem Hintergrund der Überlegungen zu möglichen therapeutischen Funktionen wird auch für die Bezugspersonen verständlich, warum es zu dieser Auswahl des Materials kommt.

Das Material sollte zudem mindestens drei Kriterien genügen:
- Der Umgang mit ihm sollte für das Kind *sicher* sein,
- es sollte den *Gefühlsausdruck erlauben* und
- die *Phantasie und Projektion* des Kindes anregen.

Manche Eltern achten darauf, dass die einbezogenen Spielsachen unter *ökonomischen* Gesichtspunkten auch möglichst *dauerhaft und unzerstörbar* sind, wodurch viel Plastikspielzeug Einzug in die Spielzimmer hält, was mitunter aus ästhetischen Gründen eher abschreckend wirkt. Wichtig ist der Hinweis an die Bezugspersonen, dass es sich *nicht um kompliziertes Spielmaterial* handeln soll, sondern um Dinge, die *einfach strukturiert* sind und dem Kind viele unterschiedliche *Spielmöglichkeiten* erlauben.

Tab. 2: Spielmaterial und therapeutische Funktionen

Spielmaterial	Therapeutische Funktion
Waffen (Pistole, Messer, Stoffschwert), Schlagepuppe	Ausdruck von Aggression, Wut, Kampfgeist
Babypuppe, Nuckelflasche	Regression auf eine frühere Entwicklungsstufe
Puppenfamilie	Projektion familiärer Erfahrungen
Bauklötze, Lego	Kreativität, beim Aufbau Umgang mit Frustrationen
Malstifte, Kreide, Knete	Kreativer Ausdruck, Fantasie
Spielzeugtelefon	Kommunikation (auch mit Abwesenden)
Verkleidungsgegenstände	Fantasie, Gefühlsausdruck, Projektion, Identität
Kleinspielzeug z. B. Autos, Figuren, Tiere, Spielgeld, Flugzeuge ...	Ausspielen von Erfahrungen sowie symbolisches Ausdrücken von Erfahrungen und Gefühlen

Konkret geht es in Ergänzung zur Liste in Tabelle 2 um
- einfache Konstruktionsspiele, z. b. Lego oder Bauklötze,
- Handpuppen und Verkleidungsmöglichkeiten, Masken
- Schreib- und Malmöglichkeiten, Papier, Buntstifte, Tuschkasten,
- Knete oder Ton, Sand, kleiner Sandkasten, Zeitungspapier, Klebeband, Kinderschere
- ein Dart-Spiel (mit Magnetpfeilen),
- Puppenfamilie, Wohnungsgegenstände
- Babyflasche,
- einen kleinen Eimer mit Wasser,
- Schlagepuppe oder Sandsack, Plastikmesser, Pistolen, Handschellen
- Küchenspielutensilien,
- kleine Figuren wie Soldaten, Polizisten, Indianer, Tierfiguren wie Dinosaurier, Krokodil, Lamm, Hund, Katze

- Autos, Flugzeuge
- Spielgeld.

Welche Dinge schließlich einbezogen werden, wird von den Zugangsmöglichkeiten, ökonomischen Bedingungen und dem Vorhandensein von Spielmaterialien im eigenen Haus, aber auch vom Alter und Geschlecht des Kindes abhängen.

Der zeitliche Rahmen hält sich in deutlichen Grenzen: Die Filialtherapie macht einen wöchentlichen Aufwand von etwa zwei Zeitstunden erforderlich; davon wird ca. eine halbe Stunde lang mit dem Kind gespielt. Die Bezugspersonen treffen sich einmal wöchentlich für eineinhalb Stunden über einen Zeitraum von ca. sechs bis zehn Wochen; dieses Minimum kann natürlich überschritten werden, wenn die Möglichkeiten dies erlauben und wenn die emotionalen Problemlagen, die zur Sprache kommen, intensivere Bearbeitungen erforderlich machen. Soweit die anbietende Institution – wie Beratungsstelle, Universität, Schule – es zulässt, wird man durchaus über eine Dauer von sechs bis zehn Wochen hinaus gehen, so dass auch Laufzeiten von bis zu zwölf Monaten denkbar sind.

Die *Spielzeit* sollte einmal wöchentlich für eine halbe Stunde andauern. Sie sollte regelmäßig stattfinden und als fester Wochentermin eingerichtet sein. Nur in Notfällen sollte davon abgewichen werden, da das Kind eine vorhersehbare Orientierung benötigt und sich darauf auch einstellt. In Ausnahmefällen kann das Spielen auch zweiwöchentlich stattfinden. Die Spielzeit darf nicht mit attraktiveren Aktivitäten konkurrieren, wie z.B. mit Fernsehangeboten, Sportaktivitäten oder ähnlichem. Die Spielsitzungen sollten auch durch niemand Anderen aus der Familie oder aus dem Freundeskreis gestört oder durch Telefonate oder SMS für die Bezugsperson oder das Kind unterbrochen werden. Manche Kinder sollten vor einer Spielsitzung zur Toilette geschickt werden, damit die Spielzeit nicht unnötig unterbrochen wird. Insgesamt wird dem Kind gegenüber durch die Bezugsperson signalisiert, dass es sich um eine besondere, wichtige, ungestörte Zeit mit ihm handelt. Spielunterbrechungen sollten also in jedem Fall vermieden werden. Dazu ist es notwendig Vorkehrungen zu treffen, indem etwa die Freunde des Kindes darüber informiert werden, dass während dieser Zeit keine Besuche erwünscht sind. Außerdem sollte das Telefon abgestellt bzw. ein Anrufbeantworter aktiviert sein. Jemand aus der Familie sollte dafür sorgen, dass die Spielstunde von Unterbrechungen, z.B. in Form von Klingelgeräuschen an der Tür, abgeschirmt wird. Sind noch andere Kinder im Haus, sollte sich jemand mit ihnen beschäftigen, notfalls ältere Geschwister, Nachbarn, Freunde oder Verwandte.

Durch derlei Vorkehrungen wird nach außen und nach innen signalisiert, dass es sich bei der Spielsitzung um eine besondere Zeit handelt, die ausschließlich dem Kind zur Verfügung steht.

Zur Herstellung der äußeren Bedingungen gehört es neuerdings auch, die Bezugspersonen zu bitte, die Spielstunde per Video aufzuzeichnen. Technisch kann dazu auf Digitalkameras zurückgegriffen werden, die zunehmend Eingang in die Elternhäuser gefunden haben, aber auch ein vielleicht vorhandenes iPhone kann dazu dienen. Entscheidend ist, dass aufgezeichnet wird, was gesprochen wird. Die Mitschnitte werden für die später durchzuführenden supervisionsartigen Gruppennachbesprechungen von großem Vorteil sein.

Kapitel 8
Trainingsablauf

In der Fachliteratur zur Filialtherapie werden konkrete Vorstellungen zum Trainingsablauf entwickelt, so bei VanFleet (1994, 2005) sowie Bratton und Landreth (2006). Danach könnte im Sinne von Bratton und Landreth (2006) ein Training über zehn Sitzungen mit den folgenden Schwerpunkten ausgefüllt werden:

1. Sitzung: Erklärung des Ablaufs; Vorstellungsrunde; Einführung des Skills *Reflektieren*, Vorstellung von Videobeispielen aus Spieltherapien.

2. Sitzung: Vermittlung der Filial-Grundprinzipien; Abklärung äußerer Voraussetzungen und inhaltlicher Ziele.

3. Sitzung: Besprechung der Handlungsprinzipien, Einblendung von Videoausschnitten; Angebot einer Checkliste für Spielstundenreflexionen; Durchführung von Rollenspielen in Kleingruppen; Vorbereitung des Videografierens; Einübung der Erstinstruktion.

4. Sitzung: Besprechung der mitgeschnittenen ersten Spielstunden; Einführung des Skills *Grenzensetzen*; Durchführung von Rollenspielen zum Grenzsetzungen.

5. Sitzung: Besprechung der mitgeschnittenen Spielstunden; Vertiefung des Skills *Grenzensetzen*.

6. Sitzung: Besprechung der mitgeschnittenen ersten Spielstunden; Vertiefung des Prinzips *Wahlen ermöglichen*.

7. Sitzung: Besprechung der mitgeschnittenen Spielstunden und Eingehen auf tiefere Probleme; Diskussion des Prinzips *Selbstwerterhöhung*; Vorstellung eines Videos und Durchführung eines Rollenspiels dazu.

8. Sitzung: Besprechung der mitgeschnittenen Spielstunden; Diskussion des Prinzips *Ermutigung anstelle von Lob.*

9. Sitzung: Besprechung der mitgeschnittenen ersten Spielstunden; Übertragung der gelernten Skills auf den Alltag.

10. Sitzung: Rückschau auf die erlernten Skills; Ziehen einer Erfolgsbilanz; Verabredung von möglichen Nachfolgetreffen oder Initiieren von Selbsthilfegruppen.

Der exakte Trainingsablauf und die konkreten, zu vermittelnden Inhalte jeder Trainingssitzung mit den Bezugspersonen hängen jedoch von Faktoren ab, die im Einzelfall abzuwägen sind. So wird man nicht einfach mit dem Trainingscurriculum fortfahren, wenn Gruppenmitglieder abwesend sind oder wenn sich Probleme einstellen, die eine Durchdringung notwendig machen und damit einen Halt im Fortschreiten des Trainingsplanes gebieten. Ein standardisiertes Vorgehen ist also eigentlich nicht angezeigt. Im Folgenden wird deshalb ein Trainingsablauf vorgeschlagen, der durch Leitgesichtspunkte gekennzeichnet ist, die wiederum in ein individuell abzustimmendes Trainingsschema einzugliedern sind.

8.1 Vor dem Start

Vor dem Start sind die Arbeitsvoraussetzungen zu sichern, die allerdings je nach Ausgangslage unterschiedlich sein können. Hat das Kind in der Einrichtung zuvor Spieltherapie erhalten, wird die Bezugsperson während der letzten Sitzungen in fließender Weise in die künftige Aufgabe eingeführt, indem sie als Beobachterin teilnimmt und die ersten Filialtherapie-Instruktionen vom Spieltherapeuten erhält.

Soll die Filialtherapie als eigene Intervention durchgeführt werden, wird eine Eingangsdiagnostik notwendig, aufgrund derer Indikationsfragen hinsichtlich des Kindes (Problemtiefe) und der Bezugsperson (Ausschluss von Gegenindikationen, siehe Kapitel 6) geklärt werden. Eine orientierende kurze Vorinformation könnte so aussehen:

Informationsblatt zum Filialtraining

Dieses Informationsblatt gibt Ihnen einen allgemeinen Überblick über den geplanten Ablauf des Trainings zur Filialtherapie. Der geplante Termin für die Sitzungen mit Ihnen wird immer donnerstags 18 – 20 Uhr in unseren Räumen sein.
Die Zeiten für die selbständigen Spielsitzungen mit Ihrem Kind können Sie selbst festlegen.
Der Trainingsablauf gestaltet sich in folgender Weise:
1. Ausfüllen der ausgegebenen Fragebögen
2. Einführungsveranstaltung am …
3. Spiel- und Gesprächstraining 2x je 90 min., donnerstags 18–20 Uhr.
4. Selbständige 30-minütige Spielsitzungen mit Ihrem Kind (Videoaufnahme erwünscht)
5. Supervisionen zu den Spielsitzungen (8x wöchentlich in den Abendstunden)
6. Ausfüllen der ausgegebenen Fragebögen

Abb. 1: Kurzes Informationsblatt vor dem Start

Handelt es sich beim filialtherapeutischen Angebot um eine offene Veranstaltung, sollten die Interessenten durch ein ausführlicheres Informationsblatt vorbereitet werden. Als Beispiel ist folgendes Informationspapier (siehe Abb. 2) angefügt, das wir in der Sonderpädagogischen Beratungsstelle verwendet haben:

Sehr geehrte Frau ....

vor längerer Zeit hatten Sie sich interessiert gezeigt, an einem Angebot der Sonderpädagogischen Beratungsstelle teilzunehmen. Mit diesem Brief möchte ich Sie gerne über unser gemeinsames Vorhaben, das noch im Monat Februar beginnen soll, informieren.
Es geht mir um die Einrichtung einer Elterngruppe, innerhalb derer SIE zu einem helfenden Spiel mit ihrem Kind angeleitet werden sollen. Geplant sind zehn Elterngruppen-Sitzungen, die jeweils am Donnerstag um 18.00 Uhr in der Gutenbergstr. 67 (parterre)
stattfinden sollen. Es wäre unbedingt erforderlich, dass, falls Sie sich zu einer Teilnahme entschließen können, daran regelmäßig und ohne Unterbrechung teilnehmen.
In den Sitzungen werde ich Sie auf die helfenden Spiele mit Ihrem Kind vorbereiten. Während der ersten Sitzung werde ich Ihnen erklären, was mit diesem Konzept „helfendes Spiel" gemeint ist, wie es durchgeführt werden kann, und ich werde Ihnen auch mit einem Video Beispiele dafür vorspielen. Anschließend wird es darum gehen, dass Sie systematisch auf die Spielsitzungen mit Ihrem Kind von mir und von der Gruppe vorbereitet werden.
Sie werden sich vielleicht fragen, wie diese „helfenden Spielsitzungen" aussehen sollen. Dazu werde ich Ihnen ausführliche Informationen geben. Heute möchte ich Ihnen jedoch schon mitteilen: Sie sollten für Ihr Kind wöchentlich einen Termin und einen Ort in Ihrer Wohnung finden, an dem diese Sitzungen stattfinden können. Die Dauer einer Spielsitzung in der Woche braucht gar nicht länger als 30 Minuten zu sein. Die Örtlichkeit können Sie sich selbst wählen; dieser Ort sollte jedoch ungestört bleiben. Über das Spielmaterial werde ich Sie noch informieren. Eine Besonderheit dieser Spielstunden wird es jedoch sein, dass das Kind sonst keinen Zugang zu diesen Spielmaterialien bekommt, die Spielmaterialien sollten dem Kind also nur zu diesen Spielstunden zur Verfügung gestellt werden. Vielleicht können Sie sich bereits jetzt Gedanken machen, zu welchem Zeitpunkt und an welchem Ort diese Spielstunden in Ihrer Wohnung stattfinden können.
Sie werden dann auf diese Spielsitzungen mit Ihrem Kind von mir vorbereitet. Sie werden diese Sitzungen mit Erfolgen, und unsere Treffen werden dazu dienen, dass wir uns über aufgetretene Probleme unterhalten können und Lösungen finden werden.
Über weitere Informationen werde ich Sie auf unserem ersten Treffen ansprechen. Ich bitte Sie abschließend darum, mir zu bestätigen, dass Sie am Donnerstag, 17. Februar, 17.00 Uhr in die Gutenbergstr. 67 kommen werden; mit Ihrer Bestätigung geben Sie zugleich zu erkennen, dass Sie gewillt sind, an den zehn Sitzungen unbedingt teilzunehmen,

falls nicht dringendste Gründe Ihre Abwesenheit erfordern (z. B. Erkrankung).
Ich freue mich auf die Arbeit mit Ihnen und verbleibe mit freundlichen Grüßen, Ihr ...

Abb. 2: Ausführliches Informationsblatt vor dem Start

8.2 Der Start

Zu Beginn der ersten Zusammenkunft werden sich alle Beteiligten der Gruppe persönlich vorstellen, wie das bei Gruppenzusammenkünften üblich ist. Dabei kann der Trainer von Vorschlägen Gebrauch machen, die in Anleitungen für Gruppentrainings auffindbar sind. Bei der persönlichen Vorstellung der Teilnehmenden sollten die Familienverhältnisse und das Kind, mit dem gespielt werden soll, zur Sprache kommen.

Anschließend werden vom Trainer die Ziele der Filialtherapie nochmals geklärt und es wird Gelegenheit gegeben, offen gebliebene Fragen zu stellen. Er wird betonen: Es geht hier v.a. darum, den Kontakt mit dem Spielkind durch gemeinsames Spielen zu verdichten, das Kind neu zu entdecken und seine Anliegen, Bedürfnisse und Fantasien zu verstehen und das Verstandene so zu kommunizieren, dass die Beziehung enger wird.

Um die abgehobenen Ziele unmittelbar konkret werden zu lassen, stellt der Trainer die Basisvariablen des personzentrierten Ansatzes, wie sie in der Kindertherapie gelebt werden, mit Power-Point-Folien vor. Eine sich anschließende Videodemonstration verdeutlicht die Umsetzung; der Filialtherapeut wird in seiner Trainerrolle eine kurze, prägnante Sequenz aus einer seiner Spieltherapien vorführen, kommentieren und diskutieren lassen.

Das Skill *Reflektieren* wird eingeführt, wie in Kapitel 9.2 dieses Buches beschrieben. Dabei kann das folgende Arbeitsblatt (siehe Abb. 3) zum Einsatz kommen, das darüber orientiert, welche Handlungen die Ziele der Filialtherapie unterstützen und welche nicht; insbesondere wird herausgestellt, dass dem Kind keine Fragen gestellt werden.

Was wir tun:
- das Kind die gesamte Spielsitzung führen lassen
- das kindliche Verhalten bewusst wahrnehmen
- die Handlungen, Äußerungen und Gefühle des Kindes verstehen und mit Worten reflektieren
- am Spiel mitwirken, wenn das Kind dazu einlädt, ohne eigene Spielideen einzubringen
- so natürlich wie möglich bleiben
- das Kind so annehmen, wie es ist

Was wir vermeiden:
- das kindliche Verhalten kritisieren
- das Kind loben
- dem Kind Fragen stellen
- das Kind belehren
- neue Aktivitäten von sich aus beginnen
- unnötige Grenzen setzen
- eigene Gedanken und Gefühle wiedergeben
- das Spiel des Kindes lenken (Anregungen und Anweisungen)

Abb. 3: Arbeitsblatt zur Orientierung *„Was wir tun – was wir vermeiden"*

Es schließt sich eine kurze Umsetzungsphase an: Der Trainer wird eine kindliche Äußerung rollenspielartig vorstellen (z.B. „So ein schönes Bild habe ich noch nie gemalt!") und die Beteiligten der Runde darum bitten, darauf spontan zu reagieren. Dabei geht es ihm v.a. darum, das Gefühl (Freude über das eigene Werk) zu erkennen und verbalisieren zu lassen.

Am Ende steht eine für die Teilnehmenden außergewöhnliche Hausaufgabe: Sie sollen zu Hause Gefühle des Spielkindes in unterschiedlichen Situationen bewusst wahrnehmen, später auch notieren und Möglichkeiten überlegen, wie man darauf personenzentriert reagieren könnte. Dazu wird der Trainer einen offenen Protokollbogen verteilen, in den die entsprechenden Beobachtungen eingetragen werden. Diese Aufzeichnungen werden dann zum Gegenstand der folgenden Sitzung gemacht. Die Bezugspersonen sollen, soweit das nicht schon geschehen ist, ihrem Kind nun auch mitteilen, dass sie an einer Trainingsgruppe mit Anderen teilnehmen und dort lernen, mit ihm auf eine besondere Weise zu spielen.

8.3 Gefühle erkennen und reflektieren

Eingangs werden die protokollierten Beobachtungen zusammengetragen. Ausführlicher wird nach Lösungen gesucht, wie man auf die gezeigten Emotionen reagieren kann. Ausgewählte Situationen werden nachgespielt. Es schließt sich ein Training zum Reflektieren kindlicher Äußerungen an, das aus fünf Stufen mit steigendem Schwierigkeitsgrad besteht. Das Arbeitsblatt „Was wir tun – was wir vermeiden" (siehe Abb. 3) wird nochmals durchgegangen, es dient in dieser Phase dazu, bestimmte eingeschliffene Reaktionen zu hinterfragen und sich auf das Reflektieren einzulassen, das im folgenden Zeitabschnitt intensiver trainiert wird.

Das Skill *Gefühle erkennen und reflektieren* wird systematisch eingeführt und eingeübt, indem immer komplexer werdende Trainingsstufen durchlaufen werden. Jede einzelne Trainingsstufe wird im Folgenden beschrieben, mit einem Beispiel versehen und kommentiert. Die ausführliche Beschreibung der Trainingsvorlagen findet sich an anderer Stelle in diesem Band, wo das Skill *Reflektieren* mit dezidierten Beispielen dargelegt wird (siehe dazu Kapitel 9.2).

Die **1. Trainingsstufe** besteht aus kurzen Situationsskripts mit kommentierten Lösungen.

Beispiel: Das Kind erblickt die Pistole, nimmt sie in die Hand und fragt: „Darf ich damit schießen?" Erwachsener: „Du hättest Lust, mit der Pistole zu spielen, bist aber nicht sicher, ob du es darfst."
Kommentar: Das Kind bringt einen Appetenz-Aversionskonflikt zum Ausdruck, der vom Erwachsenen erkannt und entsprechend reflektiert ist. Wichtig ist an der elterlichen Reaktion, dass keine Wertung und kein Verbot kommuniziert werden.

Die **2. Trainingsstufe** hat mehrere Situationen mit Mehrfachwahlantworten zum Inhalt, Aufgabe der Gruppenmitglieder ist es, die ihrer Ansicht nach beste Alternative auszuwählen und die Auswahl zu begründen.

Beispiel: Das Kind schreibt etwas und verdeckt das Geschriebene dabei mit der Hand. „Kannst du dir schon denken, was ich schreibe?"
Erwachsener:
○ Ich soll das erraten.
○ Du machst das richtig spannend.
○ Du schreibst sicher einen Brief.
○ Ich kann doch nicht wissen, was du schreibst.
Kommentar: Diskutiert wird, warum die erste, notfalls auch die zweiten, keinesfalls die dritte bzw. die vierte Reaktion empathisches Zuhören signalisiert. Es sollte also keine direkte Antwort auf die kindliche Frage gegeben werden.

Auf der nächsten Trainingsstufe werden einfache Situationsskripts, auf welche die Beteiligten selbstständig Reaktionen finden sollen, vorgegeben.

Beispiel: Peter sieht seine Mutter etwas aufschreiben (protokollieren) und sagt: „Mach das nicht. Ich will nicht, dass du was schreibst."
Kommentar: Die Bezugsperson sollte auch in dieser Situation reflektieren (z.B. „Das stört dich, wenn du mich hier schreiben siehst.") und ihre Handlung weder begründen noch verteidigen.

Die nächst höhere Trainingsstufe fällt komplexer aus: Der Trainer übernimmt die Rolle eines Kindes und spielt eine kurze Spielsequenz vor; er fordert die Beteiligten auf, auf die gespielten Äußerungen empathisch zu reagieren.

Beispiel: Der Trainer könnte in der Kinderrolle einen Turm aufbauen und gleich wieder umwerfen; eine beteiligte Person wird darum gebeten, das Geschehen dabei verbal zu begleiten. Eine verbale Reaktion von sich zu geben, z.B. „Dein Turm wird jetzt höher und höher." Wenn der Therapeut in der Rolle des Kindes dann den Turm zum Einsturz bringt, könnte man sagen: „Das macht dir Spaß, den Turm kaputt zu machen."
Kommentar: Zentral ist dabei, dass die Beteiligten erkennen, dass Aufbau und Einsturz des Turmes von Gefühlen des Kindes begleitet waren, die reflektiert werden sollten, ohne aller-

dings zu übertreiben. Solche kleinen Übungen werden solange fortgesetzt, bis jedes Gruppenmitglied Gelegenheit hatte, das Rollenspiel des Trainers zu reflektieren.

Die höchste Trainingsstufe hat längere Spielsequenzen zum Gegenstand. In dieser Phase des Trainings werden längere Rollenspiele mit dem Trainer und einzelnen Gruppenmitgliedern durchgeführt. Die einzelnen Sequenzen können sollten sich über mindestens zehn Minuten erstrecken. Dabei achtet der Filialtherapeut darauf, dass er ein normal spielendes Kind ohne Störungen imitiert, damit die Mitspieler noch nicht mit Problemen konfrontiert werden, die für sie noch nicht lösbar sind. Es geht in dieser Phase darum, dass die Beteiligten Reflexions-Fähigkeiten, die sie bisher erworben haben, nun in einem Rollenspiel unmittelbar anwenden sollen, denn die erste reale Spielsitzung mit dem eigenen Kind steht unmittelbar bevor. Bi diesem Spiel kann es zu kurzen Unterbrechungen kommen, wenn der Mitspielerin spontan keine passende Reaktion einfallen sollte; andere Teilnehmer können aushelfen.

Als weiteres Skill wird das Mitspielen eingeführt, das ausführlich in Kapitel 9.3 vorgestellt wird.

Um die häuslichen Sitzungen vorzubereiten, werden die äußeren Aspekte (siehe Kapitel 7) angesprochen, z.B. die Raumauswahl und -ausstattung mit Spielmaterial, die Herstellung von Videoaufzeichnungen und Protokollierungsmodalitäten (siehe unten). Nach jedem Spielsitzungsende soll der elterliche Spielpartner Aufzeichnungen der Vorgänge niederlegen und diese in die nächste Gruppenbesprechung einbringen (siehe Abb. 4 und 5).

Mit den Bezugspersonen wird über die Frage des Aufräumens nach Spielstundenende diskutiert; optimalerweise ist es eher ihre Sache, wobei das Kind mithelfen darf. Dem Kind ist es jedoch nicht erlaubt, an diesem Ort mit diesen Dingen nach Sitzungsabschluss weiter zu spielen. Die Erwachsenen sind dafür verantwortlich, dass die Sitzung pünktlich beendet wird, auch wenn das Kind darum bittet, das Spielen fortzusetzen. Das Kind muss in dieser Situation die Festigkeit und Konsistenz erfahren.

Die weitere inhaltliche Vorbereitung auf die erste häusliche Spielsitzung schließt eine Übung ein, was zu sagen ist, wenn das Kind zum ersten Mal die Spielumgebung aufsucht. Außerdem wird besprochen, und mit welchen Worten die Spielsitzung beendet werden kann (siehe dazu die Ausführungen zum Skill *Orientieren* in Kapitel 9.1). Hausaufgabe ist es, die äußeren Bedingungen zu schaffen, das Spielmaterial zusammen zu suchen, wie sie auf der Checkliste (siehe Kapitel 7) zusammengestellt sind, die Spielumgebung vorzubereiten und sich innerlich auf die erste Spielsitzung einzustellen.

Abschließend wird den Bezugspersonen ein Protokollbogen übergeben, der unterschiedlich aussehen kann. Eine Variante ist in der folgenden Abbildung 4 dargestellt, eine weitere in Abbildung 5.

Protokollbogen	Spielstunde Nr.:		Datum:
Min.	Womit? Was?	Spielthema	Bemerkungen

Welche Aspekte sind mir heute gut gelungen?
Wobei müsste ich mich verbessern?
Welche waren die primären Spielthemen des Kindes?
Welche neuen Fragen sind bei mir aufgetaucht?
Insgesamt bekommt die Spielstunde die folgende Note (1-5) von mir: __

Abb. 4: Protokollbogen für die Bezugsperson, Variante 1

Protokollbogen

Spielsitzung Nr.: **Datum:**

Was mein Kind heute gespielt hat:

Was ich heute über mein Kind durch sein Spiel erfahren habe:

Vom Kind ausgedrückte Gefühle:

Spielinhalte:

Meine Selbsterfahrungen in der Spielstunde:

Meine Gefühle während/nach der Spielstunde:

Was mir heute gut gelungen ist:

Woran ich noch arbeiten muss:

Fragen, die für mich aufgetaucht sind, waren:

Was ich in der nächsten Spielstunde anders machen will:

Abb. 5: Protokollbogen für die Bezugsperson, Variante 2

Der Einstieg in die häuslichen Spielstunden kann im weiteren Verlauf erfolgen, so dass die dann folgende Gruppensitzung mit Berichten über die ersten Erfahrungen ausgefüllt sein wird.

8.3 Besprechung der durchgeführten Spielsitzungen

Nachdem die erste häusliche Spielsitzung stattgefunden hat und aufgezeichnet und protokolliert worden ist, werden durch den Filialtherapeuten Rückmeldungen über einzeln gezeigte Videoausschnitte gegeben. Insbesondere werden die aufgetretenen Probleme erörtert. Der Therapeut forciert Lösungsvorschläge, er wird jedoch besonderes Augenmerk auf die Gefühle der Teilnehmer richten. Zuerst sollte möglichst ein akzeptables Video eines Trainingsmitglieds eingebracht werden, das angeschaut wird und auf das mit Gruppen-Feedbacks reagiert wird. Sich selbst auf dem Video zu beobachten, kann bei vielen Eltern zu wichtigen Einsichten führen. Die damit möglicherweise einhergehende Zurückhaltung wird durch eine kooperative Gruppenatmosphäre kompensiert. In der Regel wird es schwierig sein, Erfahrungsberichte sämtlicher Teilnehmer in dieser Sitzung zu verarbeiten. Der Filialtherapeut wird diesbezüglich eine ausgleichende Funktion über die kommenden Sitzungen hinweg ausfüllen.

Hinsichtlich der Feedbacks wird der Therapeut auf die Regeln des positiven Feedback-Gebens achten: Das Feedback wird sofort und nicht zeitverzögert erfolgen und immer erst positive Aspekte der elterlichen Reaktionen hervorheben, schon deshalb, weil der Angstpegel der Anwesenden, sich möglicherweise verletzlich zu zeigen, nicht noch erhöht werden soll. Es wird gezielt herausgestellt, was gut gelungen ist. Dabei sollte das Feedback immer spezifisch auf die Äußerungen auf dem Video bezogen sein und sich konkret auf eine durchgespielte Situation beziehen. In einem weiteren Schritt werden Reaktionen herausgegriffen, die sich optimieren lassen; es werden damit jene Skills angesprochen, die noch nicht genügend ausgebildet sind. Unter Umständen sollten die Beteiligten in der Besprechungssituation gebeten werden, die entsprechende Reaktion noch einmal in verbesserter Form nachzuspielen. Der Therapeut könnte z. B. sagen: „Sie haben sehr schön mit ihren Worten ausgedrückt, was das Kind tut. Vielleicht könnten Sie noch ein wenig deutlicher machen, wie sich das Kind dabei gerade fühlt."

Viele Bezugspersonen werden die Rückmeldungen dankbar annehmen, aber es gibt auch Eltern, die zunächst eher abwehrend und reserviert reagieren. Dieser Herausforderung hat sich der Filialtherapeut in sensibler Weise zu stellen, denn man muss sich vor Augen führen: Die Eltern haben gute Gründe für ihre innere Distanz, die vielleicht auf lebenslange Einstellungen und Gewohnheiten, auf eigene Kindheitserfahrungen oder auf ihren Alltagsstress mit Überforderungen zurückgehen.

8.4 Grenzen setzen

Als neu einzuführenden Skill wird das Grenzensetzen eingeführt (siehe dazu ausführlich das Kapitel 9.4). Das dafür vorbereitete Arbeitspapier wird ausführlich kommentiert, und sämtliche im Zusammenhang mit dem Grenzensetzen auftauchenden Fragen werden diskutiert. Insbesondere wird auf das Prinzip Konsistenz eingegangen, Grenzen gleichbleibend zu setzen und diese nicht von situativen Bedingungen abhängig zu machen. Hier handelt sich um eine der wenigen Situationen, in denen die Bezugspersonen während der Spielsitzungen strukturierend eingreifen. Entscheidend ist beim Training des Grenzensetzens, dass nicht die Bezugsperson für das Kind entscheidet, sondern dass das Kind am Ende immer selbst entscheidet, welche Alternative es auswählen möchte. Ein besonderer Akzent bei der Umsetzung ist, dass die Bezugspersonen es lernen, nicht mit Gegenaggressionen zu reagieren, vielmehr in sachlichem Ton auf die Grenzsetzungsschritte durchzugehen, ohne selbst ärgerlich und wütend zu werden. Mit Hilfe ausführlicher Rollenspiele wird das neue Skill eingeübt und gefestigt.

Während der häuslichen Spielsitzungen soll das Grenzensetzen soweit erforderlich umgesetzt werden; auftauchende Schwierigkeiten werden in den Gruppensitzungen besprochen.

8.5 Auf Fragen des Kindes eingehen

Ein anderer Aspekt betrifft Situationen, in denen ein Kind während der Spielstunde Fragen an die Bezugsperson stellt. Der Trainer achtet darauf, dass die Bezugspersonen nicht ihrer Gewohnheit folgen und Kinderfragen schnell und eher automatisch zu beantworten, sondern diese erst einmal zu reflektieren und das Gefühl, das in der Frage mitschwingt, hervorheben. Wenn das Kind darauf beharrt, eine Antwort auf seine Frage zu bekommen, wird man sich dem nicht aus Prinzip widersetzen, sondern nach einer knappen Antwort den Fokus auf das Kind zurücklenken. Als Übungssituation während des Trainings könnte man die Kinderfrage auswählen: „Wie viel Zeit haben wir noch?" Darauf ließe sich antworten: „Du möchtest gerne wissen, wie viel Zeit noch übrig ist, das klingt fast so, als ob die Zeit für dich zu schnell vergeht, die wir hier zusammen haben"; wenn das Kind ungeduldig fortfährt „Nun sag' mir endlich, wie viel Zeit noch übrig ist!", könnte man auch diesen Aspekt bewusst werden lassen und antworten: „Es ist anscheinend sehr wichtig für dich zu wissen, wie viel Zeit noch übrig ist. Es sind noch zehn Minuten." Diesen Aspekt während des Trainings durchzugehen, kann zeitaufwändiger werden, denn es gilt, eingeschliffene Gewohnheiten zu durchbrechen und Ebenen anzusprechen, die sich hinter einer Frage verbergen könnten. Würde man Fragen des Kindes vorschnell beantworten, hätte man die Chance vertan, tiefere Emotionen des Kindes anzusprechen.

Insgesamt werden Fragen des Kindes zunächst reflektiert und insbesondere auf ihren Gefühlsinhalt abgetastet und erst anschließend mit Zurückhaltung beantwortet werden.

8.6 Kontinuierliche Besprechung der durchgeführten Spielsitzungen

Die nächsten Sitzungen werden schwerpunktartig die Berichte der Bezugspersonen zum Inhalt haben, wie gut es gelungen ist, die Filialprinzipien umzusetzen. Dabei werden möglichst videografierte Ausschnitte einbezogen. Der Filialtherapeut vertieft die Vermittlung der Basis-Skills (siehe oben), stets begleitet von Rollenspielen. Ergänzt wird die Vermittlung durch weitere Videobänder aus Spieltherapiesitzungen des Therapeuten. Als mögliche Variation könnte ein Gruppenmitglied das eigene Kind mit zur Gruppensitzung mitbringen und mit ihm in den Beratungsräumen spielen, wobei eine Mitschaugelegenheit vorhanden sein sollte. Bestimmte Probleme bei der Durchführung der häuslichen Spielsitzungen werden häufiger auftreten. Ein Problem betrifft Störungen während des Spiels von außen. Sollten diese häufiger vorkommen, muss der Lebensstil der Familie diskutiert werden und das Hindernis auf dem Weg zu einer nicht-unterbrochenen Spielsitzung aus dem Weg geräumt werden.

Als weiteres Problem kann sich einstellen, dass die empathischen Zuhörfähigkeiten verloren zu gehen drohen, woraufhin eine Festigung durch entsprechende Übungen angezeigt ist.

Im Laufe der Spielsitzungen könnte bei einigen Beteiligten die Frage auftauchen, on das Kind vielleicht nicht ganz normal sein könnte, dass z.B. die gezeigten Spielthemen aus dem normalen Rahmen fielen. Bei solchen Situationen wird der Filialtherapeut zunächst Akzeptanz zeigen und reflektieren, dass aus solchen Befürchtungen Sorge um die weitere Entwicklung des Kindes anklingt; weiterhin kann ein Reframing angewendet werden, also ein positives Umdeuten von negativ erlebten Äußerungen des Kindes.

Wenn eine Bezugsperson ehrlich genug ist zu äußern, dass sie die ständigen Spielwiederholungen stört und langweilig findet, weil keine Variation für sie erkennbar ist, dann sollte eine Informationseinheit zur Funktion von Spielwiederholungen eingeschoben werden. Die fraglichen Videoausschnitte können mit dem Ziel verglichen werden herauszustellen, dass doch kleinere Variationen sichtbar sind. Diskutiert werden sollte die Frage, warum Kinder dasselbe Spiel durchführen. Die Gruppe wird zu der Einsicht kommen, dass Spielwiederholungen für das betreffende Kind durchaus Sinn machen, z.B. einen Abschluss zu finden. Es empfindet dabei keine Langeweile. Der Trainer wird schließlich auf mögliche therapeutische Funktionen von Spielwiederholungen aufmerksam machen: Durcharbeiten von Problemen oder Integration von Erfahrungen. Es könnte auch das Problem auftreten, dass ein Kind ziemlich passiv bleibt, weil ihm keine Spielaktivitäten mehr einfallen und es dadurch die gemeinsame Zeit nicht so recht für sich zu nutzen weiß. In diesem Fall wird der Trainer die Bezugsperson auf die Eingangsinstruktion zurück verweisen, dass das Kind die Zeit so ausfüllen kann, wie es das möchte, und dazu gehört auch die Entscheidung, nicht zu spielen. Notfalls könnte mit ihm vorher eine Liste mit Möglichkeiten hergestellt werden, aus der unterschiedliche Aktivitäten wie *balancieren, malen, Versteck spielen, Kissenschlachten balancieren, malen, Versteckspielen, Kissenschlachten, entspannen* hervorgehen. Solche elterliche Hilfe ist dann angezeigt, wenn die kindlichen Einfälle über längere Zeit ganz ausbleiben.

Nach einiger Zeit wird sich eine gewissen Routine bei den Spielsitzungen und bei den Gruppensitzungen einstellen, die dann ungefähr so ablaufen: kurzer Bericht über die Spielsitzung, Diskussion von Problemen mit Lösungsalternativen, Gruppeninteraktionen mit Hilfe von Rollenspielen, Anschauen von häuslichen Videobändern.

8.7 Vorbereitung von Generalisierungserfahrungen

Wenn sich zeigt, dass die Skills kompetent angewendet werden, wird es Zeit, die Generalisierungsphase der Filialtherapie in die Wege zu leiten. Dazu werden die Bezugspersonen gebeten, das Reflektieren und Grenzensetzen nun auch systematisch außerhalb der Spielsitzungen anzuwenden. Allerdings hat die Erfahrung gezeigt, dass die Bezugspersonen bereits früher damit begonnen haben, ohne allerdings dazu ermutigt worden zu sein. In dieser Trainingsphase wird die Übertragung auf den Erziehungsalltag nun systematischer betrieben. Dabei wird es notwendig werden, die auftauchenden Probleme ausführlich zu besprechen, wenn der abgeschirmte Raum der Spielsitzung verlassen und der Transfer auf den Alltag versucht wird.

8.8 Beendigung der Gruppensitzungen und der Filialtherapie

Die Filialtherapie wird beendet, wenn die verabredete Sitzungszahl erreicht ist bzw. wenn die zu Beginn beklagten Kinderprobleme sich einer Lösung nähern. Weiterhin kann eine Filialtherapie dann einem Ende zugeführt werden, wenn das Kind selbst das Interesse an der Spielsitzung verliert, wenn die Intensität seines Spiels abnimmt bzw. wenn die Themen seines Spiels signalisieren, dass filialtherapeutische Hilfe nicht mehr notwendig ist. In jedem Falle ist der Abschluss vorzubereiten und die Abhängigkeit vom Filialtherapeuten und der Gruppe aufzulösen. Die häuslichen Spielsitzungen können durch Treffen mit anderen Inhalten abgelöst werden, sie können über das reine Spielen hinausgehen und andere Aktivitäten einschließen oder fokussieren; allerdings soll das Kind weiterhin die Aktivität bestimmen dürfen, z.B. spazieren gehen, Ball spielen, Gesellschaftsspiele spielen oder sich ganz einfach über häusliche und schulische Belange zu unterhalten. Auch hier wäre es notwendig, dass während dieser Zeit der dreißig Minuten keine Unterbrechung von außen stattfindet.

Der Gruppenprozess kommt dadurch zum Abschluss, dass die Beteiligten den Gesamtprozess gemeinsam reflektieren, aber auch die offen gebliebenen Probleme ansprechen.

Vorher-Nachher-Vergleiche können die filialtherapeutischen Erfolge sichtbar machen. Die Bezugspersonen werden auf die Zeit danach vorbereitet, wenn sie ohne die Supervision des Filialtherapeuten auskommen müssen. Der Ablöseprozess kann auch so gestaltet werden, dass die Supervisionen nur noch in jeder zweiten, dann in jeder vierten und schließlich in jeder sechsten Woche stattfinden. Anschließend kann man sich fernmündlich über das Telefon verständigen, z.B. drei oder sechs Monate später. Solche Follow-Up-Sitzungen sollten aber vorher vereinbart werden. Schließlich können die Beteiligten dazu ermutigt werden, sich als Selbsthilfegruppe weiter zu treffen und auszutauschen. Eine Abschiedszeremonie wird das gesamte Training beenden.

Kapitel 9
Die zu vermittelnden Kompetenzen

Der Filialtherapeut führt die Bezugspersonen in die spieltherapeutische Methode mit strukturierten Übungen ein und begleitet die anschließenden Prozesse im Elternhaus supervisionsartig, wie im vorangegangenen Kapitel zum Trainingsablauf beschrieben worden ist. Die *Kompetenzen,* die vor Spielbeginn in einem Training durch den anleitenden Spieltherapeuten-Trainer zu vermitteln sind, betreffen nach VanFleet (2005) vier Bereiche:
- orientieren
- (aktiv) zuhören, reflektieren
- mitspielen
- Grenzen setzen.

Es geht dabei um therapeutische Variablen, die auch für die Spieltherapeutenausbildung maßgeblich sind (Goetze, 2002). Im Zentrum des Trainings steht die Vermittlung dieser Skills durch den Spieltherapeuten an die Bezugspersonen: Sie sollen in die Lage versetzt werden, innerhalb eines definierten Zeitrahmens diese Kompetenzen zu erlernen und praktisch umzusetzen, und zwar für eine definierte Spieldauer von etwa 30 Minuten.

Überblicksartig lassen sich die zu trainierenden Kompetenzen folgendermaßen zusammenfassen:
- *Das Orientieren* betrifft die Fähigkeit, sich persönlich vorzustellen, dem Spielkind erklären zu können worum es geht, das Spielkind beim Eintritt in den Spielraum zu orientieren, ihm eine Eingangsinstruktion zu geben. Zum aktiven Zuhören gehört, Gefühle zu erkennen und zu verbalisieren.

- Ein weiteres Skill ist *das Mitspielen*, wenn man dazu eingeladen wird.
- Mit dem *Reflexionsskill* war das Ziel verfolgt, dem Spielkind die ungeteilte Aufmerksamkeit zuteilwerden zu lassen, ohne das Spiel zu dirigieren; man sollte Interesse am Spiel des Kindes demonstrieren und verbalisieren, was das Kind gesagt hat bzw. gespielt hat.
- Das vierte zu vermittelnde Skill ist das *Grenzensetzen*. Damit sollen die Eltern in die Lage versetzt werden, mit Situationen zurechtzukommen, in welchen möglicherweise nahe liegende Grenzen des Zerstörens bzw. des Zeitüberschreitens intentional verletzt zu werden drohen.

In den nun folgenden Abschnitten werden diese Kompetenzen detaillierter beschrieben.

9.1 Orientieren

Das Skill-Konzept des Orientierens ist dezidiert von Rise VanFleet (2005) in die Diskussion eingebracht worden. Die Orientierung des Kindes dient im therapeutischen Sinn der Vermittlung des Spielrahmens und der Spielräume. Die Realisierung der Grundprinzipien *Freiheit* und *Gebundenheit* benötigen einen Handlungsrahmen, der für den Filialverlauf entscheidend werden kann und durch die Umsetzung dieses Skills vermittelt wird. Das Kind in diese Richtung zu orientieren, bedeutet, ihm zu vermitteln, dass es einerseits mit allen im Spielraum vorhandenen Dingen so umgehen kann, wie es das möchte, andererseits jedoch bestimmte Grenzen zu beachten hat.

Die Fertigkeit des Orientierens umfasst wichtige Schritte in Bezug auf die Organisation der eigenen Spielstunden im Elternhaus. Das Kind wird bereits vor der ersten geplanten Spielstunde darüber orientiert, dass die Bezugsperson an einem Training teilnehmen wird. Auf Nachfragen des Kindes wird sie allgemeine Gründe angeben, z.B. dass sie möchte, dass es zu Hause noch besser läuft, oder dass sie Sachen lernen möchte, die sie noch nicht so gut beherrscht.

Rückt der Termin der ersten Spielstunde dann näher, wird die Bezugsperson das Besondere dieser dreißig Minuten herausstellen als eine Zeit, die sie so mit ihrem Kind noch nie gehabt hat, eine Zeit, in der sie ohne die üblichen Ablenkungen ganz für das Kind da sein, ihm zuhören, mit ihm spielen möchte, ohne zu bestimmen, was passieren soll. Damit verdeutlicht sie, dass diese Spielsituation sich klar von anderen Situationen unterscheiden wird, dass es sich gewissermaßen um einen Versuch handelt, es einmal ganz anders miteinander zu probieren.

Nachdem diese Klärung erfolgt ist, wird die Bezugsperson das Einverständnis ihres Kindes einholen, sich auf dieses neue Abenteuer einzulassen. Anschließend wird sie darüber informieren, wie das gemeinsame Unternehmen konkret aussehen soll. Ein weiterer Orientierungsaspekt betrifft nämlich die Einrichtung einer Spielgelegenheit im eigenen Haus. Aufgrund ihrer Teilnahme am Training hat die Bezugsperson Spielmaterialien ausgewählt und einen Spielraum vorgesehen. Sie wird mit dem Kind diskutieren, ob ihm die Räumlichkeit zusagt, zu welcher Zeit während der Woche die dreißig Minuten stattfinden können und dabei Konkurrenzangebote wie Fernsehsendungen, Hobbyzeiten oder Hausaufgabenbelastungen des Kindes berücksichtigen. Die ins Auge gefassten, z.B. zehn Termine werden in Gegenwart des Kindes in einem Kalender eingetragen.

Sind die Absprachen getroffen, zeigt die Bezugsperson dem Kind die vorgesehene Örtlichkeit, den ausgewählten Spielraum oder einer Spielecke und erklärt ihm die räumlichen Grenzen, wo gespielt werden kann und wo nicht. Sie zeigt ihm die für die gemeinsamen Spielstunden ausgewählten Spielsachen und erklärt ihm, dass die Spielsachen nur zu diesem Anlass genutzt werden können, ergänzt um den Hinweis, dass die eigenen Spielsachen des Kindes nicht eingebracht werden. Optimalerweise wird sie hinzufügen, dass sie plant, die Spielzeit mit einer Handy-Kamera zu videografieren, mit der Begründung, besser aus den eigenen Fehlern zu lernen.

Nachdem das Kind in dieser Weise vor Spielbeginn vororientiert ist, wird es nochmals um sein Einverständnis gebeten. Für den Fall, dass es sich um ein Kind handelt, das seine Meinung je nach aufkommender Bedürfnislage schnell ändert, hat es sich in unserer Kursarbeit als sinnvoll erwiesen, einen zuvor aufgesetzten Mini-Vertrag von beiden Beteiligten unterschreiben zu lassen. Die Absprachen können aber auch sonst in einem kleinen Vertrag schriftlich niedergelegt werden.

Unmittelbar vor einer Spielstunde wird die Mutter sich selbst auf eine intensive Spielzeit vorbereiten, sich damit selbst orientieren, indem sie sich entspannt, ein paar Mal tief Luft holt und sich innerlich auf das Geschehen einstellt. Wenn vorhanden sollte nun auch das Videoaufnahmegerät eingeschaltet werden. Sie hat vorher mögliche Störquellen ausgeschaltet. In manchen Elternhäusern, in denen viele Menschen wohnen, kann es für sie sinnvoll sein, ein Eintrittsverbotsschild außen an der Zimmertür anzubringen, dass niemand stören darf. Damit wird auch nach außen das Besondere der Spielzeit visuell signalisiert.

Vor Spielbeginn wird das Kind gegebenenfalls zu einem Toilettengang angehalten, um die Spielzeit nicht unnötig unterbrechen zu müssen.

Die erste Spielstunde wird mit einer Orientierung des Kindes in Form einer Eingangsinstruktion begonnen: „Dies ist jetzt unsere besondere Spielstunde. Hier kannst du mit allen Dingen, die ich hier auf dem Teppich verteilt habe, so spielen wie du möchtest. Und wir haben eine halbe Stunde Zeit dafür". Nur für den Fall von sicher zu erwartendem ausagierendem, hyperaktiven Verhalten werden die Grenzen mitgeteilt (siehe dazu die Ausführungen im Abschnitt 9.4).

Während des Verlaufs einer Spielstunde finden in der Regel keine weiteren Orientierungen durch die Bezugsperson statt. Erst zum Ende der dreißig Minuten wird das Kind darüber orientiert, dass die gemeinsame Spielzeit gleich vorbei ist. Die Mutter sagt: „Jetzt haben wir noch fünf (zwei, eineinhalb) Minuten Zeit." Wann diese Warnung ausgesprochen wird, hängt vom Alter des Kindes und der Komplexität des laufenden Spiels ab. Bewährt hat sich eine Zwei-Minuten-Warnung.

Nach dem Ablauf der dreißig Minuten signalisiert die Bezugsperson dem Kind mit einfachen Worten, dass die Spielstunde vorbei ist, indem sie beispielsweise sagt: „Für heute ist unsere Zeit um, jetzt müssen wir Schluss machen." Sie wird aufstehen und das Kind zur Tür geleiten, die Spielsachen in vorbereitete Behälter legen und den Raum in den ursprünglichen Zustand zurückbringen.

Den Rahmen der Spielstunde erläutern: „Orientieren"

- den Verhaltensrahmen des Kindes festlegen (Freiheit und Gebundenheit)

a) Vorgespräch und Absprache zu:
- Ort, Zeitpunkt und Dauer des Spiels,
- Zugänglichkeit der Spielsachen ausschließlich zu diesem Anlass,
- eventueller Videoaufnahme

b) Vorbereitung der Spielstunde:
- gewünschte Spielzeit in den Spielraumplan rechtzeitig eintragen,
- sich selbst auf die Stunde vorbereiten (innere Ruhe, Protokollbögen),
- u.U. Toilettengang anordnen.

c) Anweisung zu Beginn der ersten Spielstunde z. B.:
- „Dies ist jetzt unsere besondere Spielzeit. Hier kannst du mit allen Dingen, die hier sind, so spielen wie du möchtest. Und wir haben eine halbe Stunde Zeit dazu."
- Diese Anweisung kann zur Sicherheit zu Beginn jeder Spielstunde sinngemäß wiederholt werden.

d) Anweisung zum Ende jeder Spielstunde:
- fünf Minuten und eine Minute vorher sagen:
  „Jetzt haben wir noch fünf Minuten (noch eine Minute), um zusammen zu spielen."
- am Ende: „Für heute ist unsere Zeit um, jetzt müssen wir Schluss machen."
- bei grenzüberschreitendem Verhalten: „Du möchtest am liebsten noch hier bleiben, jetzt ist unsere Zeit aber wirklich vorbei."
- Ende signalisieren durch Aufstehen, zur Tür gehen etc.

Abb. 6: Arbeitspapier zur Vermittlung des Skills *Orientieren*

Zur Frage des Aufräumens gibt es in der Literatur unterschiedliche Auffassungen, ob das Kind selbst aufräumen oder sich zumindest daran beteiligen sollte oder ob die Mutter diese

Aufgabe übernimmt. Wir raten den Müttern dazu, das Aufräumen nach der Spielstunde selbst zu übernehmen, da anderenfalls die relativ kurze Spielzeit durch die Aufräumdirektiven und -aktionen zu sehr verkürzt würde.

Nachdem die Spielzeit abgeschlossen ist, wird die Bezugsperson die Handy-Kamera ausstellen und sich später einige interessante Szenen ablaufen lassen. Sie wird sich dabei Gedanken um die Spielvorgänge machen und den vorbereiteten Protokollbogen ausfüllen. Vielleicht nimmt sie die Gelegenheit wahr, die gerade abgelaufene Spielzeit mit vorangegangenen Sitzungen zu vergleichen. In jedem Fall sollte sie sich darüber klar werden, welche Gefühle bei ihr ausgelöst worden sind und welche Unsicherheiten sie erlebt hat, die sie in der nächsten Filialsitzung in der Gruppe zur Sprache bringen möchte.

Als Arbeitspapier für die Hand der Bezugspersonen kann die Unterlage in Abbildung 6 verwendet werden.

9.2 Reflektieren

Das *Empathiekonzept* gehört neben Kongruenz und Akzeptanz zu den sog. therapeutischen Basisvariablen des personenzentrierten Ansatzes (siehe Kapitel 4). Zum Ausdruck kommt Empathie mit der Realisierung des Skills *Reflektieren*. Elterliche Empathie in der Filialtherapie zu zeigen heißt, die verbalen und spielbezogenen Äußerungen des Kindes zu verstehen und das so Verstandene auf das Kind zurück zu spiegeln. Die Aufgabe der Bezugsperson ist also generell, die Erlebnisinhalte und gefühlsmäßigen Bedeutungen, die im Spiel des Kindes zum Ausdruck kommen, zu erfassen und anschließend mit eigenen Worten zu reflektieren. Das Kind soll das Gefühl haben, dass die Bezugsperson seine Welt mit ihren Augen sieht und versteht.

Diese Art zu kommunizieren unterscheidet sich von den üblichen Alltagskommunikationen in der Familie, sie ist nur unter großen Mühen wie eine Fremdsprache zu erlernen. Deshalb wird das Trainieren dieses Skills einen größeren Zeitaufwand erforderlich machen (vgl. dazu Kapitel 8).

Eine korrekte Reflexion der kindlichen Äußerungen sollte die folgenden Aspekte abdecken:
- Es sollten konkrete Beobachtungen vorliegen, auf Grund derer reflektiert wird.
- Die Körpersprache sollte beobachtet und ebenfalls in die Reflexion einfließen.
- Die Reflexionen sollten einen eher nachfragenden als festlegenden Charakter haben.
- Nie sollte der Gesprächston raumfüllend sein. Die Beurteilung, ob eine Reflexion zutreffend oder weniger zutreffend ist, ist letztlich die Entscheidung des Kindes. Nie sollte die Bezugsperson auf der Korrektheit ihrer Äußerung bestehen.
- Die Reflexion sollte kurz und in Kindersprache abgefasst sein.
- Andererseits sollte die Mutter vermeiden, in papageienhafter Weise dieselben Worte des Kindes zu wiederholen (was ihr zu Beginn schwer fallen wird).

Zu reflektieren heißt auch, bestimmte Kommunikationen möglichst zu unterlassen, die sich im Erziehungsalltag eingebürgert haben können, weil sie den filialtherapeutischen Prozess nicht fördern, sondern behindern. Dazu gehören die folgenden Kommunikationen:
- Ratschläge geben, wenn das Kind nicht weiter weiß;
- Ermahnungen aussprechen, wenn das Kind eine Grenze zu verletzen droht;
- Lösungen anbieten, wenn ein Problem auftaucht;
- die eigene Ansicht mit Nachdruck vertreten, wenn das Kind eine Reflexion unpassend findet;
- bagatellisieren, also eine Äußerung des Kindes herunterspielen, etwas nicht so schlimm finden wie das Kind;
- positive oder negative Werturteile aussprechen, z.B. wenn das Kind ein Bild gemalt hat;
- moralisieren, nachdem z.B. eine Grenzverletzung des Kindes durchgearbeitet ist;
- monologisieren, wenn das Kind wenig oder nichts sagt;
- bemuttern, trösten, wenn dem Kind etwas nicht gelungen ist;
- abschalten, innerlich emigrieren, wenn man das Spiel des Kindes langweilig findet;

- Distanz verlieren, wenn man in ein Rollenspiel eingebunden ist;
- Fragen stellen, wenn man neugierig geworden ist oder den Prozess gern weiter entwickelt sehen möchte; aushorchen, wenn das Kind etwas Interessantes von sich aus erzählt;
- das Kind unterbrechen, wenn man meint, es hätte die falsche Richtung eingeschlagen;
- das Gespräch in eine andere Richtung lenken, wenn der Bezugsperson die Gesprächsinhalte unangenehm werden.

Warum solche Kommunikationen vermieden werden sollten, sei an einigen Beispielen erläutert. *Tadel oder Kritik* am Kind können beim Kind defensive Mechanismen aktivieren und von seinem gegenwärtigen Erleben beim Spielen ablenken. *Fragen* zu stellen, ist in der Regel nicht angebracht, weil Fragen das Kind in eine bestimmte Denk- oder Spielrichtung lenken können; Ausnahmen beziehen sich auf nicht verstandene Äußerungen oder Rollenzuweisungen. *Ratschläge zu erteilen* würde signalisieren, dass die Mutter die richtigen Antworten weiß und das Problem für das Kind lösen möchte. Damit würde das Kind von den Reaktionen der Mutter abhängig werden. *Zu bemuttern und zu trösten* würde die Bezugsperson in eine Position der Überbehütung bringen und das Kind daran hindern, Selbstständigkeit zu entwickeln.

Die Reflexionen werden zu Beginn der Spielsitzungen vermutlich noch etwas ungelenk ausfallen und sich erst im Laufe der Zeit vervollkommnen, nachdem die zuvor beschriebenen Trainingsschritte erfolgreich gegangen sind.

Reflexionen können auf mindestens drei Ebenen angesiedelt sein:

Verbalisierungen und Handlungen zurück zu spiegeln, ohne dass die Emotionen des Kindes darin enthalten sind, stellt die einfachste Reflexionsform dar. Wenn das Kind z. B. das erste Mal in die aufgebaute Spielecke kommt, könnte die Reflexion lauten: „Du schaust dir das alles erst einmal in Ruhe an." Wenn das Kind dann ein Spielauto in die Hand nimmt und dessen Räder bewegt, könnte man sagen: „Das Auto hat richtige Räder und die drehen sich auch." Wenn das Kind in ein von ihm kreiertes Spielszenario mit Autos und Autounfällen vertieft ist, würde vielleicht reflektiert werden: „Ich sehe, dass die Autos ganz schön zusammen geknallt sind." Kern dieser Verbalisierungsstufe sind also Reflexionen kindlicher Handlungen.

Ziele des Reflektierens auf dieser Ebene sind,
- die aufmerksame Anwesenheit der Bezugsperson zu demonstrieren,
- dem Kind eine Orientierung über seine eigenen Handlungen zu erleichtern,
- weitere Handlungen und Gespräche des Kindes zu erleichtern bzw. eine tiefere Erfahrungsstufe anzuregen.

Diese Ebene ist mit einiger Übung durch die Bezugspersonen leicht zu erlernen und umzusetzen, denn es geht ja um nichts anderes als um eine reine Beschreibung dessen, was sie beim Kind sieht. Die Gefahr, die damit einhergeht, ist, dass das Reflektieren an der Oberfläche verbleibt und vom Kind als lästig empfunden wird.

Die Verbalisierung von Emotionen, die direkt vom Kind ausgedrückt werden, steht deshalb im Mittelpunkt des tieferen Reflektierens. Die Bezugsperson geht über die Verbalisierung des äußerlich sichtbaren Verhaltens hinaus und spricht nicht nur die nach außen gerichteten Handlungen an, sondern die vom Kind zum Ausdruck gebrachten Gefühle, seien diese positiver oder – mitunter extrem – negativer Art. Dabei soll die Mutter keine nicht zum Ausdruck gekommenen Gefühle vermuten oder aus dem Spielkontext heraus interpretieren. Zum Beispiel könnte ihr Kind bemüht sein, beim Malen äußert vorsichtig mit den Farben umzugehen und möglichst wenig mit ihnen direkt in Berührung zu kommen. Wenn sie reflektieren würde „Du hast Angst, dich schmutzig zu machen", hätte sie interpretiert, dass die Vorsicht des Kindes angstmotiviert sei. Indem sie sagt: „Du gehst ganz vorsichtig mit den Farben um", würde sie eine Interpretation vermeiden und damit vielleicht dem Kind die Möglichkeit eröffnet, die damit einhergehenden Gefühle zu äußern.

Die nächste Ebene nennt sich *die Verbalisierung von Emotionen, die indirekt im kindlichen Spiel zum Ausdruck kommen.* Der Unterschied zu den zuvor beschriebenen Reflexionen ist hier, dass nicht nur die vom Kind in direkter Form ausgedrückten Emotionen reflektiert, sondern die indirekt in das Spielgeschehen eingewobenen affektiven Vorgänge verbalisiert werden. Je weiter sich die Filialtherapie zu einer ‚Spieltherapie' entwickelt hat, desto mehr wird das Kind durch sein Spiel sprechen und buchstäblich die Puppen tanzen lassen. Die Sprache des Kindes ist das Spiel und die Spielfiguren drücken aus, was das Kind bewegt. Die Mutter kann ihre Reflexionen dann auch direkt an die ‚beseelten' Spielfiguren richten. Eine Äußerung könnte z.B. lauten, nachdem eine entsprechende Spielaktion in der Sandkiste stattgefunden hat „Die Männer in der Wüste haben Angst, im Sand zu versinken" oder, nachdem ein Auto gegen die Wand gefahren ist und das Kind „Autsch" ruft: „Das tat dem Auto weh, so an die Wand zu stoßen."

Zusammenfassend lässt sich sagen, dass auf den genannten drei Ebenen Reflexionen in Form von Beschreibungen von Abläufen und Handlungen angesiedelt sind, denen Verbalisierungen von Emotionen, die direkt vom Kind ausgedrückt werden, sowie Verbalisierungen von Emotionen, die indirekt im kindlichen Spiel zum Ausdruck kommen, folgen. Am Anfang werden vielleicht nur die Verhaltensweisen des Kindes reflektiert, wenn Emotionen nicht sichtbar sind und kaum erschlossen werden können, aber auch nicht in die kindlichen Äußerungen hinein interpretiert werden sollen. Je weiter das Filialtraining und die Filialtherapie vorangeschritten sind, desto leichter wird es der Bezugsperson fallen, die direkt und indirekt geäußerten Emotionen ihres Kindes anzusprechen, denn schließlich kennt sie das Kind mit seinen Wünschen und Bedürfnissen aus vielen anderen Zusammenhängen.

9.2.1 Das Empathietraining

Das Empathietraining betrifft v.a. das Erlernen therapeutischer Reflexionen. Dieses Training durchläuft mehrere Stufen. Zuerst wird an schriftlichem Material und an Videoausschnitten demonstriert, wie das Reflektieren eingesetzt werden kann. Eine Reihe von Situationen und Reaktionen wird vorgegeben, durchgesprochen und diskutiert, bei denen die Anwesenden die vorgegebene Lösung lediglich zu bewerten haben. Im Folgenden werden dazu konkrete Vorlagen angeboten.

Situation: Das Kind streift sich die Krokodil-Handpuppe über.
Mögliche Äußerung der Mutter: „Aha, da haben wir jetzt das Krokodil."

Kommentar: Das Kind hat zwar die Krokodilpuppe gegriffen und übergestreift. Indem sie die Handpuppe als „Krokodil" bezeichnet, begrenzt sie die Kreativität des Kindes und strukturiert somit die folgende Spielaktivität vor. Möglicherweise könnte die Puppe ja auch etwas anderes signalisieren, als ihre äußere Gestalt erwarten lässt.
Alternative Äußerung: „Aha, jetzt kommt die Puppe dran."
Kommentar: Mit einer solchen Äußerung wird dem Kind signalisiert, das Spiel kreativ fortzusetzen. Charaktere und Name der Puppe können vom Kind festgelegt werden.

Situation: Das Kind sagt „Wenn ich damit fertig bin, gehe ich noch zum Sandkasten."
Mögliche Äußerung der Mutter: „Das klingt ja wirklich gut."

Kommentar: Mit dieser Äußerung bewerten Sie die Aussage des Kindes positiv. Bewertungen sollten jedoch in der Spieltherapie vermieden werden, weil sich das Kind nicht von Meinungen anderer abhängig machen soll.
Alternative Äußerung: „Du denkst jetzt schon daran, was du als nächstes tun möchtest, und das wäre der Sandkasten."
Kommentar: Die Mutter signalisiert Verständnis für die Denkprozesse des Kindes und hebt seine Entscheidungsfreiheit im Spielzimmer hervor.

Situation: Das Kind sagt „Wenn es draußen donnert, dann kriege ich immer richtig Angst."
Mögliche Äußerung der Mutter: „Das Donnern macht dir ein wenig Angst?"

Kommentar: Mit dieser Äußerung wird zwar das Gefühl des Kindes angesprochen, aber dessen Intensität heruntergespielt. Dadurch könnte sich das Kind nicht ernst genommen fühlen. Die Frageform signalisiert eine gewisse Unsicherheit, das Kind noch nicht richtig verstanden zu haben. Man sollte versuchen, möglichst nicht dieselben Worte wie das Kind zu verwenden.
Alternative Äußerung: „Du fürchtest dich sehr, wenn es draußen donnert."
Kommentar: Auf diese Weise wird Verständnis für die Angst des Kindes signalisiert, und das Kind fühlt sich so angenommen.

Situation: Das Kind sieht eine Spielzeugpistole, nimmt sie in die Hand und fragt: „Darf ich damit schießen?"
Mögliche Äußerung der Mutter: „Du hättest Lust, mit der Pistole zu spielen, bist aber nicht sicher, ob du es darfst."

Kommentar: Handlungsabsicht und Gefühl kommen in der Äußerung zum Ausdruck. Interessant könnte sein, dass vom Kind eine Annäherung an aggressionshaltiges Material ausgedrückt wird, das vielleicht ambivalente Gefühle bei ihm auslöst.

Solche Beispielsituationen werden so lange durchgesprochen, bis der Filialtherapeut den Eindruck hat, dass das wesentliche Anliegen verstanden ist, so dass zur nächsten Stufe fortgeschritten werden kann. Eine Diskussion über die Reflexion soll sich insbesondere darauf richten, dass der Erwachsene kein Verbot ausspricht, nicht nachfragt, keine Vorkehrungen für eine mögliche Grenzüberschreitung trifft, keinen Rat und keine Bewertung zum Ausdruck bringt.

Die nächste Trainingsstufe kann Situationen mit Mehrfachwahlantworten einschließen; die Bezugspersonen sollen dabei die Situation auswählen, die sie für die optimale Reflexion halten. Diskutiert werden nun die unterschiedlichen Lösungen: Jede Bezugsperson soll begründen, warum sie das Kreuz an die betreffende Stelle gesetzt hat. Beispielsituationen mit vorgegebenen Alternativlösungen könnten sein:

Das Kind schreibt etwas und verdeckt das Geschriebene dabei mit der Hand. „Kannst du dir schon denken, was ich schreibe?"
O „Ich soll das erraten."
O „Du machst das richtig spannend."
O „Du schreibst sicher einen Brief."
O „Ich weiß nicht was du schreibst."
Mit den Anwesenden wird diskutiert, warum die erste, notfalls auch die zweite, keinesfalls die dritte bzw. die vierte Reaktion empathisches Zuhören signalisiert.

Bei den folgenden Beispielen kann analog vorgegangen und diskutiert werden:

Das Kind entdeckt ein ihm unbekanntes Spiel und fragt: „Weißt du, wie das geht?"
O „Du selbst kennst die Spielregeln nicht und möchtest, dass ich sie dir erkläre."
O „Versuche es selbst herauszufinden!"
O „Ich kenn das Spiel auch nicht."
O „Also, ich erklär dir das mal."

Das Kind hat ein Domino-Spiel aufgebaut und fragt: „Wer fängt an, du oder ich?"
O „Mir ist das egal."
O „Dir fällt es schwer, das jetzt zu entscheiden."
O „Das kannst du selbst entscheiden."
O „Du willst mich entscheiden lassen, wer anfangen soll?"

Das Kind haut minutenlang auf eine Trommel. Danach sagt es: „Das war schön!"
O „Ich fand es ganz schön laut."
O „Das Trommeln hat dich ganz begeistert."

○ „Es macht dir Spaß, Krach zu machen."
○ „Willst du jetzt etwas anderes spielen?"
Mehrere Mehrfachwahl-Aufgaben dieser Art werden durchgearbeitet, bis gesichert ist, dass die beteiligten Bezugspersonen die jeweils passende Alternative finden.
Als nächstes werden einfache Situationsskripts vorgegeben, auf welche die Eltern selbständig Reflexionen finden sollen. Der Filialtherapeut wird solche Situationen schriftlich vorbereiten, die nicht allzu schwierig zu lösen sind, z.B.

Situation: Peter sieht seine Mutter etwas aufschreiben, die den Protokollbogen vorbereitet, und sagt mit etwas ärgerlicher Stimme: „Mach das nicht. Ich will nicht, dass du aufschreibst, was ich mache."
Die Diskussion über diese Situation sollte klären, dass die Mutter ihr Handeln weder verteidigt, noch unfreundliche reagiert, sondern mit einfachen Worten reflektiert „Das stört dich schon sehr, ich soll das weglegen."

Situation: Das Kind kommt zum ersten Mal in das Spielzimmer, schaut sich um und geht durch den Raum, ohne etwas zu sagen.
Mögliche Reflexion: _____

Situation: Das Kind spielt Kasperletheater: Kasper wird von der Schlange gefressen. Danach sagt das Kind zu Ihnen: „Jetzt spiel du was!"
Mögliche Reflexion: _____

Situation: Das Kind probiert nacheinander Sachen aus der Kleiderkiste an, sieht sich im Spiegel an und freut sich über ein Gewand.
Mögliche Reflexion: _____

Situation: Das Kind sagt beim Malen: „Grün ist meine Lieblingsfarbe."
Mögliche Reflexion: _____

Situation: Das Kind spielt in der Sandkiste und vergräbt Figuren im Sand.
Mögliche Reflexion: _____

Situation: Das Kind sagt am Ende der Spielstunde: „Können wir nicht noch 5 Minuten weiterspielen?"
Mögliche Reflexion: _____

Situation: Das Kind entdeckt ein Spielzeugtelefon und sagt: „Kann man damit richtig telefonieren?"
Mögliche Reflexion: _____

Im vorangegangenen Abschnitt sind Kommunikationen aufgeführt worden, die den filialtherapeutischen Prozess eher stören können. Dazu gehört, dem Kind keine Fragen zu stellen, aber auch die Fragen des Kindes zu reflektieren und nicht vorschnell zu beantworten, wozu das zuletzt aufgeführte Beispiel einladen könnte. Im Kapitel zum filialtherapeutischen Training (siehe Seite 57 ff.) ist bereits ausgeführt worden, wie auf Fragen des Kindes reagiert werden kann, die nicht schnell und eher automatisch von der Bezugsperson beantwortet, sondern reflektiert werden sollten.

Um die durchaus komplizierten Trainingsinhalte auch schriftlich zu kommunizieren, kann den Bezugspersonen ein Papier gereicht werden, auf dem die wesentlichen Gesichtspunkte zusammengefasst sind. Dazu kann als zusammenfassendes Arbeitsblatt die Vorlage in Abbildung 7 in das Training dazu eingebracht werden.

Stellen Sie sich vor, Sie sind ein Reporter!

a) Reflektieren Sie die Handlungen des Kindes, z. B.:
  das Kind beschäftigt sich mit einem Spielzeug
→ „Du hast etwas Interessantes gefunden."
  das Kind wechselt die Spielaktivität
→ „Du hast etwas Neues (Küchenecke, Bausteine...) entdeckt."
  das Kind betrachtet das Spielzeug
→ „Du schaust dir alles (Wecker, Geld, Handpuppe...) genau an."

b) Reflektieren Sie Äußerungen des Kindes, z. B.:
Äußerungen:
Versuchen Sie Erzählungen und Kommentare Ihres Kindes mit anderen Worten zu wiederholen, z. B.:
„Meine Lieblingsfarbe ist gelb."
→ „Gelb gefällt dir am besten."
„Das Spiel habe ich schon mal mit Oma gespielt."
→ „Du erinnerst dich, das Gleiche schon mal mit Oma gespielt zu haben."

Fragen:
„Was ist das?"/„Wie geht das?"
→ „Du fragst dich, was das ist/wie das geht."
→ „Ich soll dir sagen, was man damit macht."
→ „Das ist das, was es für dich sein soll./Du kannst damit so spielen, wie du möchtest."
„Kannst du mir helfen?"
→ „Du möchtest, dass ich dir behilflich bin."
→ „Sag mir, wie ich dir helfen kann."
„Wer fängt an?/Welche Farbe soll ich nehmen?"
→ „Ich soll diese Entscheidung treffen."
→ „Ich soll dir das sagen."

c) Reflektieren Sie die Gefühle Ihres Kindes
Seien Sie aufmerksam in Bezug auf die Mimik, Gestik und Stimmlage Ihres Kindes, da dies die zentralen Ausdrucksmittel von Kindern sind. Versuchen Sie die wahrgenommenen Gefühle widerzuspiegeln, z. B.
→ „Du bist jetzt sehr traurig/wütend, weil unsere Spielzeit zu Ende ist."
→ „Du freust dich, dass du mich besiegt hast."
→ „Du bist erstaunt/überrascht/erschrocken/enttäuscht/zufrieden…, weil…"

Abb. 7: Arbeitsblatt zum Training des Skills Handlungen, Äußerungen und Gefühle des Kindes widerspiegeln, „Reflektieren"

9.3 Mitspielen

Eine dritte Basisfertigkeit für die selbstständige Durchführung filialtherapeutischer Spielsitzungen ist das Mitspielen, das „dosiert" erfolgen soll. „Dosiert" bedeutet, dass das Mitspielen von der Spielsituation abhängig zu machen ist, dass es also keine generelle Regel für den Einsatz dieser Kompetenz gibt; denn das Spiel soll nicht in eine von der Bezugsperson vorgedachte Richtung gelenkt werden, vielmehr soll das Kind die Führung beim Spiel übernehmen und beibehalten. Die Bezugsperson soll andererseits auch nicht in eine Beobachterrolle verfallen und durch ihre reine Reflexionsaktivität indirekt eine geringe Bereitschaft zum Mitagieren zum Ausdruck bringen, vielmehr soll das Kind den Eindruck gewinnen, dass es sie jederzeit aktiv an den Spielplänen und -ausführungen beteiligen kann.

Mit der Basisfertigkeit *Mitspielen* gehen die Merkmale des kindlichen Spiels einher, die während des Filialtrainings angesprochen werden sollten. Die Merkmale, die kindliches Spiel ausmachen, sind an anderer Stelle (siehe Goetze, 2002) ausführlich beschrieben; dazu gehören:
- positiver Affekt, Freude,
- Freiwilligkeit, Selbstkontrolle, intrinsische Motivation,
- Aktivität, Engagement,
- Flexibilität, Variation,
- Prozessorientierung,
- Quasi-Realität (Fantasie).

Vor dem Hintergrund dieser Spielmerkmale kann im Training mit den Teilnehmenden diskutiert werden, welche Aktivitäten zur Kategorie Kinderspiel zu zählen sind und welche nicht. Weiterhin wird vom Trainer die Relevanz der Spielmerkmale für die Filialtherapie herausgestellt, z.B. dass das Kind seine Erfahrungen im Spiel symbolisch zum Ausdruck bringt, es kann in einem geschützten Rahmen Emotionen ausdrücken, passende Aktivitäten spontan und freiwillig, ohne Richtungsweisung durch den erwachsenen Spielpartner, aufsuchen und von der „Quasi-Realität" des Spiels Gebrauch machen, indem es z.B. traumatische Situationen in einer sicheren Umgebung nachspielen kann und dabei nicht auf die verbale Beschreibung festgelegt ist.

Die Basisfertigkeit des Mitspielens wird der Bezugsperson zunächst nicht ganz leicht fallen, denn das übliche Spiel im Alltag ist eher von Spielanstößen und Verbesserungsvorschlägen seitens der Erwachsenen begleitet. Im filialtherapeutischen Setting werden solche Verhaltensweisen im Sinne des Wegweisungsprinzips unterbleiben. Die Bezugspersonen werden dazu angehalten, sich erst dann an den Spielaktivitäten des Kindes zu beteiligen, wenn sie vom Kind dazu aufgefordert werden. Anderenfalls sollten sie ein teilnehmend-beobachtendes Interesse zeigen, ohne selbst im Spiel aktiv zu werden, und reflektieren, was an Spielhandlungen und Emotionen zum Ausdruck kommt.

Die Intensität des Mitspielens richtet sich in der Regel nach den vom Kind gewählten Spielaktivitäten.

Geht es um *Konstruktionsspiele*, wird der Spielpartner des Kindes vielleicht in der Rolle des ‚Zuarbeiters' benötigt.

Wenn ein Kind im *Kasperletheater* Szenen aufführt, wird aus der vom Kind hergestellten Situation deutlich, ob der Spielpartner in der Rolle des Publikums oder des Mitspielers benötigt wird. In der Rolle des Publikums wären spielsituationsangemessene Reaktionen notwendig wie „Oh, das ist aber traurig!", oder „Pass' auf, Kasper, die Schlange will dich fressen!" oder am Ende Beifall klatschend „Das hat mir gut gefallen". Findet anschließend ein Rollenwechsel statt und wird die Bezugsperson aufgefordert, dem Kind ein Kasperlestück vorzuführen, kann sie vielleicht eine zuvor vom Kind produzierte Szene mit leichten Variationen anbieten.

Von vielen Kindern werden *Rollenspiele* in allen denkbaren Kombinationen durchgeführt. Ein Rollenspiel wird meist so begonnen, dass das Spielkind sich erst einmal Requisiten zusammensucht, die es für sein Spiel benötigt, soweit diese verfügbar sind (siehe dazu die in Kapitel 4 beschriebene Materialausstattung). Manche Kinder spielen ihre Rolle zunächst allein, ohne ihre Bezugsperson einzubeziehen; ihr kommt dann die Aufgabe zu, die Gefühle der gespielten Figur zu reflektieren oder mit ihr in einen Gesprächskontakt zu treten, falls sich dies aus dem Spielkontext ergibt. Solches ‚Allein-

Rollenspiel' wird eher zu Beginn der Filialtherapie eingesetzt, wenn das Kind sich erst für sein Spiel aufwärmen und Möglichkeiten ausprobieren möchte. Sobald dies gemeistert ist, entdeckt es, welchen Nutzen es für sich daraus ziehen kann, die Bezugsperson einzubeziehen und mitspielen zu lassen. Dann wird ihr eine Rolle vom Kind zugewiesen wie z.B.: „Du bist jetzt mal ein Baby!", Dabei veranlasst das Kind seine Mitspielerin, sich dann auch wie ein Baby zu verhalten, wozu es ihr Anweisungen geben wird, wie die Babyrolle auszugestalten ist. Wenn das Kind keine weiteren Spielinstruktionen gibt, dann kann es an dieser Stelle notwendig werden, sich das Rollenskript in Flüsterstimmer bei ihm abzuholen.

Die Bewältigung der zugewiesenen Rollenspielaufgabe kann für die Bezugsperson zu einer größeren Herausforderung werden, denn sie hat mehrere Funktionen zu erfüllen:
- die Rolle glaubhaft verkörpern,
- sich in ihr Kind einfühlen,
- Spielziele ihres Kindes voraussehen,
- eigene Lösungsimpulse zurückhalten bzw. zu kontrollieren.

In eine vom Kind vorgegebene Rolle zu schlüpfen, löst bei manchen Bezugspersonen Unbehagen aus; denn das vom Kind initiierte Rollenspiel wird vielleicht nicht ihren Erwartungen entsprechen. Das Kind könnte beispielsweise die Mutter in die Rolle des Kindes versetzen, um ihr vor Augen zu führen, wie sich das Kindsein in diesem Elternhaus anfühlt; ein solches Spiel könnte auf Seiten der Mutter unangenehme Gefühle auslösen, die sie zum Widerspruch reizen. Solche Inkongruenzen sind dann in der Gruppensitzung zur Sprache zu bringen, jedoch nicht in der Spielsitzung mit dem Kind.

Während des Trainings wird der Trainer die Beteiligten auf die komplexen Funktionen aufmerksam machen, die ein Kind beim Rollenspiel ausfüllt, bei dem das Kind sowohl Drehbuchautor ist, zusätzlich die Regie führt und darüber hinaus auch noch Mitspieler ist. Für die Umsetzung dieser drei Funktionen sind beim Kind erhebliche kognitive Voraussetzungen erforderlich, es handelt sich um eine außergewöhnliche Leistung, die manchem Kind mit intellektuellen Einschränkungen häufig gar nicht zugetraut wird.

Das Spiel des Kindes begleiten, „Mitspielen"

Versuchen Sie
- keine Spielanstöße zu geben oder Verbesserungsvorschläge zu machen. Seien Sie zuerst eher spielenthaltsam („das Kind führt den Weg")
- erst dann mitzuspielen, wenn Sie dazu vom Kind aufgefordert werden, auf Reflexionen verzichten, wenn man eine Rolle spielt.

Das Mitspielen hängt von der Art des vom Kind gewählten Spiels ab:
Konstruktionsspiele:
- begeben Sie sich zunächst in die Rolle der „Zuarbeiterin"
- später können Sie vielleicht als „Mitbauerin" agieren

Kasperletheater:
- achten Sie darauf, ob Sie in der Rolle des Publikums oder des Mitspielers erwünscht sind.
- in der Rolle des Publikums sagen Sie z. B.
  „Oh, ist das traurig!"
  „Pass auf, Kasper!"
  oder Beifall klatschend: „Das war aber ein tolles Stück!"
- als Mitspielerin das Kasperlestück mit einer ähnlichen Szene, aber mit leichten Variationen vorführen

Rollenspiele:
- schlüpfen Sie in die vom Kind vorgegebene Rolle
- Rolle nicht „überspielen", aber auch nicht zu zurückhaltend sein
- auf ständig wechselnde Rollenskripte des Kindes eingestellt sein
- nicht über den weiteren logischen Fortgang der Handlung diskutieren

Abb. 8: Arbeitspapier zum Skill *Mitspielen*

Die Umsetzung dieser Basisfähigkeit des Mitspielens im Rollenspielkontext kann jedoch auch gewisse Probleme mit sich bringen: Es kann unbeabsichtigt zu einer Lenkung des Spielablaufes durch die Bezugsperson kommen, indem kleine Hinweisreize gegeben werden, wie das Spiel anders gestaltet werden könnte; eine vom Kind zugewiesene Rolle kann auch „überspielt", also übertrieben werden, wodurch das Spiel eine indirekte Steuerung erfährt; dann erscheint es geboten, sich selbst zurück zu nehmen. Manchmal ist es nicht leicht, den mitunter ständig wechselnden Rollenskripten des Kindes zu folgen, auch in solchen Situationen sollte nicht den eigenen Vorstellungen über den weiteren logischen Fortgang der Handlung gefolgt werden. Es könnte nämlich zu Streitgesprächen zwischen beiden kommen, wenn der Bezugsperson die vorgeschlagene Spielrichtung nicht gefällt, während das Kind auf dem Fortgang des Spiels besteht.

Zusammenfassend lässt sich jedoch feststellen: Wenn es zu Rollenspielen während der häuslichen Spielsitzungen kommt, wird das Spiel in ungeahnter Weise lebendig und beide Beteiligten werden deutlich für sich davon profitieren.

Für das Training des Skills *Mitspielen* kann das Arbeitsblatt in Abbildung 8 eingesetzt werden.

9.4 Grenzensetzen

Den angemessenen Grenzsetzungen durch die Bezugsperson kommt in der Filialtherapie ein zentraler Stellenwert zu. Bei Virginia Axline (1972) findet man das Thema unter dem Stichwort „Wert von Begrenzungen" kommentiert: Grenzen sollten nur dann gesetzt werden, wenn sie notwendig sind, um die Therapie in der Welt der Wirklichkeit zu verankern und um dem Kind seine Mitverantwortung an der Beziehung zu verdeutlichen. Heute würde man noch ein weiteres begründendes Argument hinzufügen: Das Kind soll lernen, auch in emotional belastenden Situationen die eigene Selbststeuerung zu realisieren, nachdem es aus Handlungsalternativen ausgewählt hat.

Für manche Bezugspersonen stellt die Umsetzung des Grenzsetzungsprinzips eine schwer zu meisternde Hürde dar, denn es gilt möglicherweise, die in den Spielstunden aufkommenden Konflikte auf andere als die gewohnte (und oft ineffektive) Art anzugehen. Das Selbstbestimmungsrecht des Kindes soll einerseits gewahrt werden, andererseits muss in klar definierten Grenzsituationen strukturierend durch die Bezugsperson eingegriffen werden. Solche Ereignisse sind in aller Regel durch starke Emotionen des Kindes begleitet, es handelt sich damit in personenzentrierter Sicht um eine sehr fruchtbare Situation des emotionalen Austauschs. Viele Eltern haben jedoch Probleme mit dem Grenzensetzen; entweder werden zu wenige Grenzen gesetzt, so dass sich das Kind zum Ausagieren unangemessener Wünsche geradezu eingeladen fühlt, oder es werden zu geringe Toleranzspielräume angeboten, wenn zu viele Grenzen gesetzt werden, die dann auch noch mit lauter und scharfer Stimme mitgeteilt werden, damit die Situation nicht außer Kontrolle gerät – so die Befürchtung.

Grenzen beziehen sich auf den Umgang mit dem Material, auf die körperliche Unversehrtheit der Beteiligten und die Zeitstruktur.

Grenzen im Umgang mit dem *Material* betreffen nach VanFleet (2005) diese Aspekte:
- Es darf nichts aus dem Fenster geworfen werden, ebenso dürfen sämtliche Gegenstände, bei denen Glas verarbeitet ist, nicht ge- bzw. beworfen werden;
- Wände und Möbel sollen nicht bemalt werden;
- ist eine aufblasbare Puppe da, darf in diese nicht hineingestochen werden;
- alle Spielsachen, mit denen man schießen kann wie z.B. Pistolen, Pfeile dürfen nicht auf Menschen gerichtet werden;
- von den Spielsachen darf nichts zerstört werden.

Eine weitere Grenzsetzung betrifft die ‚*körperliche Unversehrtheit*‘ der Beteiligten. Es kann zu kleineren Balgereien kommen, deren Intensität das Kind vielleicht aus Freude steigert, um herauszufinden, wie viel die Mutter ertragen kann. Eine Grenze ist erreicht, wenn deutlich wahrnehmbare Schmerzempfindungen auftauchen.

Grenzsetzungen im Zusammenhang mit der *Zeitstruktur* betreffen Anfang und Ende der Spielstunde: Wenn die Spielzeit beginnt und das Kind noch Wichtigeres zu erledigen hat, wird die abgelaufene Zeit abgezogen, die Spielstunde wird deshalb also nicht verlängert. Während der Spielstunde soll das Kind den Spielraum möglichst nicht verlassen, außer für einen einmaligen Toilettengang. Ist die Spielzeit um, wird das

Kind das Zimmer verlassen. Würde das Kind länger bleiben, z.B. beim Aufräumen zu helfen, wäre diese Zeitgrenze verletzt.

Weitere Grenzsetzungen sind in aller Regel in den eigenen vier Wänden nicht notwendig. Mitunter gibt es zusätzliche persönliche Grenzen, wenn das Kind z.B. auf den erkrankten Rücken der Mutter klettern möchte. Solche persönlichen Grenzen sind z.B. auf körperliche Einschränkungen oder gesundheitliche Hintergründe der Bezugsperson zurückzuführen.

Die *Durchsetzung der Grenzen* durch die Bezugsperson hat konsistent und konsequent zu erfolgen, die Grenzen müssen aber auch durchsetzbar sein. Das Kind sollte verstehen, dass die Bezugsperson auch meint, was sie sagt. Ohne diese Konsequenz könnte das Kind den Eindruck gewinnen, dass es bei nächster Gelegenheit die Grenzsetzung nicht mehr zu beachten braucht, dass also die Grenze nicht verbindlich ist. Stimmlich sind die Grenzen ruhig, neutral und sachlich vorzutragen.

Grundsätzlich sollten Grenzsetzungen auf ein Minimum beschränkt bleiben (siehe oben). Man sollte sicher sein, dass eine Grenzverletzung keinen „Unfall" darstellt, sondern dass dahinter eine Absicht steht. Eine ungewollte Regelverletzung kann übergangen oder als Versehen oder Unfall, der vorkommen kann, kommentiert werden.

Grenzen werden in den meisten Fällen erst dann bekannt gemacht, wenn sie verletzt werden oder verletzt zu werden drohen. Eine Ausnahme gibt es bei Kindern, die zu stark ausagierendem Verhalten neigen; dann würden die Grenzen zusammen mit der Eingangsinstruktion mitgeteilt werden.

Die filialtherapeutische Bearbeitung einer Grenzverletzung erfolgt auf mehreren Stufen:
- einen Hinweis auf eine Begrenzung geben,
- den Wunsch nach bzw. der Tatsache einer Grenzverletzung reflektieren,
- Alternativen anbieten,
- das Kind eine Alternative wählen lassen,
- Konsequenzen seiner Wahl realisieren bzw. durchsetzen,
- Im Ausnahmefall die Spielstunde beenden.

Zunächst wird die Grenze benannt, wenn eine Situation entstanden ist, in der eine Grenze überschritten zu werden droht. Wenn ein Kind z. B. dabei ist, die Tapete im Raum zu bemalen, wird die Mutter kurz, klar und spezifisch zum Ausdruck bringen, dass es nicht möglich ist, die Tapete zu bemalen. Sprachlich wird die Grenze im Sinne einer neutralen Information mitgeteilt, z. B. „Die Tapete ist nicht zum Bemalen da", das Kind wird also nicht direkt mit einem Verbot konfrontiert wie „Du darfst die Tapete nicht beschmieren!"

Anschließend wird der Wunsch des Kindes reflektiert, die nicht gestattete Aktivität durchzuführen. An dieser Stelle halten viele Kinder bereits mit der geplanten Aktivität inne und sagen z. B. etwas mürrisch „Na, denn eben nicht!", oder „Und ich dachte, du lässt mich hier alles machen, was mir Spaß macht."

An dritter Stelle werden dem Kind Alternativangebote gemacht („Du könntest die Blätter hier bemalen"), und das Kind wird dann entscheiden, wie es weitergehen soll.

Hier sind zwei Beispiele für das Durchlaufen der genannten Sequenzen:

1. Jimmy, ich weiß, dass mich gerne schlagen würdest.
2. Aber du darfst mich nicht schlagen.
3. Du kannst dafür die große Puppe verhauen oder auf das Kissen schlagen.

1. Susi, ich weiß, dass du gern die Wand bemalen würdest.
2. Aber die Wand ist nicht zum Malen da.
3. Du kannst dir aussuchen, das Papier, das vor dir liegt, zum Malen zu benutzen oder das Papier dort drüben.

Zusammenfassend sieht die Grenzsetzungssequenz folgendermaßen aus:
1. Reflektieren der Gefühle, Wünsche und Bedürfnisse des Kindes, z. B. „Rudi, ich weiß, dass du mich unbedingt hauen möchtest", „Peter, du siehst so richtig wütend aus."
2. Benennen der Grenze, z. B.: „Man darf keine Menschen schlagen", „die Tapeten sind nicht zum Bemalen da."
3. Anbieten von akzeptablen Alternativen, z. B.: „Rudi, du

kannst das Kissen verhauen", Peter, du kannst das Blatt auf dem Tisch bemalen."
4. Eine Alternative wählen lassen, „Du kannst wählen _____ oder du kannst wählen _____", z. B. „Peter, du kannst dir aussuchen, auf dem Papier zu malen oder nicht mehr mit den Farben zu spielen."
5. Konsequenzen der Wahl des Kindes durchsetzen, z. B. „Du hast dich entschieden, das Kissen zu schlagen", „du malst jetzt am Tisch, hast du entschieden."
6. Spielstunde beenden, falls das Kind sich nicht für die innerhalb der Spielumgebung mögliche Alternative entschieden hat, z. B. „Du hast dich entschieden, dass die Stunde für heute vorbei ist."

Wenn die Situation es zulässt, werden die ersten beiden Stufen wiederholt und z.B. mit den Worten abgeschlossen: „Das geht hier nicht". Anschließend wird ihm eine Alternative angeboten, falls es selbst keine findet. Danach wird es aufgefordert, sich zu entscheiden. Das Angebot von Alternativen lässt es zu, die Gefühle angemessen auszudrücken und dabei die filialtherapeutischen Regeln einzuhalten. Die Mutter wird dem Kind dabei helfen, die getroffene Wahl umzusetzen.

Wenn das Spielkind mit der grenzüberschreitenden Aktivität fortfahren möchte, wird die Mutter eine Warnung aussprechen, dass eine Konsequenz für das Kind erfolgen wird, wenn es weitermacht. Bei diesem Schritt werden die vorangegangenen Schritte kurz wiederholt, d.h. die Grenze wird benannt und der Wunsch des Kindes, diese Grenze zu überschreiten wird reflektiert, die Wahlsituation wird angesprochen; aber nun wird dem Kind auch gesagt, was passiert, wenn es die Regeln zu brechen gedenkt; eine mögliche Konsequenz könnte sein, dass für heute die Spielzeit dann vorbei ist.

Falls das Kind die Grenze tatsächlich verletzt, müssen die Konsequenzen, die zuvor ausgesprochen worden sind, auch durchgesetzt werden. Auch dieser Schritt durchläuft zunächst die ersten beiden Schritte, d.h., dass die Grenze noch einmal benannt wird, dass der Wunsch des Kindes nach Grenzverletzung reflektiert wird, dass es seine Wahl war, die Grenze zu verletzen, Schließlich wird die Grenze dadurch durchgesetzt, dass das Kind aus dem Zimmer geleitet wird. Beim Hinausgeleiten wird noch einmal der gesamte Vorgang vor dem Kind verbalisiert und es wird darauf aufmerksam gemacht, dass es selbst diese Wahl getroffen hat, dass es nun den Raum zu verlassen hat. Das Kind wird das Ende der Spielzeit vielleicht nicht einfach hinnehmen, sondern mit Protesten reagieren. Wichtig für die Mutter ist es, dabei weiter ruhig zu bleiben, den Wunsch des Kindes weiterhin zu reflektieren, aber doch auch auf der konsequenten Durchsetzung zu beharren. Die Stunde sollte allerdings mit einer positiven Perspektive ausklingen, in dem das Kind auf die nächste Stunde verwiesen, bzw. vorbereitet wird, etwa mit den Worten „Wir werden in der nächsten Woche wieder eine Spielstunde miteinander haben, und dann wird es sicherlich anders laufen."

Die erfolgreiche Umsetzung des Skills *Grenzensetzen* führt innerhalb der filialtherapeutischen Spielsitzungen, aber auch im sonstigen Familienalltag zu Änderungen in der elterlichen Fähigkeit, präventiv mit Konflikten umzugehen. Die Bezugsperson verlernt es, mit Gegenaggressionen auf kindliche Aggressionen zu reagieren, sie lernt es, sich selbst zu kontrollieren und sachlich-distanziert die notwendigen Grenzen durchzusetzen. Auf der anderen Seite lernt das Kind, dass ihm auch in schwierigen, konfliktbeladenen Situationen Selbstbestimmung möglich ist, weil die Bezugsperson seine Gefühle nicht übergeht, diese im Gegenteil akzeptiert und nicht zu autoritärer Durchsetzung ihrer Interessen neigt. Garry Landreth (o. J.) hat den Aspekt des therapeutischen Grenzensetzens für so wichtig gehalten, dass er einen Vortrag unter dem Titel „Choices, cookies, and kids – How to teach your child self-control and self-discipline" als DVD herausgebracht hat.

Im Rahmen des Trainings sollten die Bezugspersonen zur Orientierung ein ausführliches Papier überreicht bekommen, auf das sie auch später zurückgreifen können. Als Arbeitspapier kann die Vorlage in Abbildung 9 verwendet werden.

Grenzen setzen

Hier gilt: So wenig wie möglich, aber so viel wie nötig.

Grenzsituationen betreffen den Umgang
- mit dem Material
verhindern Sie mutwillige Zerstörung der Spielsachen
mit der körperlichen Unversehrtheit der Anwesenden;
- die Grenze ist mit dem Auftauchen deutlich wahrnehmbarer Schmerzempfindungen auf beiden Seiten erreicht;
mit dem vereinbarten Zeitrahmen
- während der Spielstunden soll das Kind den Spielraum nicht verlassen (außer Toilettengang), ist die Spielzeit um, hat das Kind den Raum zu verlassen.

Methodische Durchsetzung

Die Grenzen müssen konsistent und konsequent vorgetragen und durchgesetzt werden. Sie müssen den Eindruck machen, dass Sie auch meinen, was Sie sagen. Die Grenzen sollen ruhig, neutral und in sachlichem Ton vorgetragen werden. Sie werden in den meisten Fällen erst dann bekannt gemacht, wenn Sie verletzt werden oder verletzt zu werden drohen.

Das Angehen einer bewussten Grenzverletzung erfolgt auf mehreren Stufen:
1. Hinweis auf eine Begrenzung,
2. Reflektieren des Wunsches nach bzw. der Tatsache einer Grenzverletzung,
3. Alternativen anbieten und das Kind wählen lassen,
4. Verhindern der Grenzverletzung und Warnung vor den Konsequenzen,
5. Durchsetzen der Konsequenzen.

Eine mögliche Konsequenz könnte sein, dass für heute die Spielzeit vorbei ist. Psychologisch soll das Kind lernen, eine Wahl zu treffen und die Konsequenzen aus seiner Wahl zu tragen.

Abb. 9: Arbeitspapier zur Vermittlung des Skills *Grenzensetzen*

Kapitel 10
Empirische Fundierungen

Wie in den vorangegangenen Kapiteln dargelegt, ist es das Anliegen der Filialtherapie, den spieltherapeutischen Ansatz in die eigenen vier Wände zu tragen, um die elterliche Kommunikation in Richtung auf mehr Kindzentrierung zu verändern. Der damals neue Gedanke, die Spieltherapie durch die Eltern selbst durchführen zu lassen, wurde von der Fachwelt zunächst sehr kritisch aufgenommen, so dass sich bereits aus diesem Grund die Notwendigkeit ergab, das neue Verfahren empirisch zu evaluieren. Inzwischen liegt ein breiter Fundus empirischer Untersuchungsergebnisse zu Prozessen und Effekten von Filialtherapien bei unterschiedlichen Zielgruppen vor. Wie sich zeigen wird, entstammen fast alle Untersuchungen dem anglo-amerikanischen Sprachraum; lediglich eine einzige Studie ist bisher in Deutschland durchgeführt worden, die einen Hinweis auf die Praktikabilität auch in unserem kulturellen Raum, der sich vom US-amerikanischen in mancherlei Hinsicht deutlich unterscheidet, geben. Deshalb sollen diese Untersuchung ausführlicher im Abschnitt 10.2 referiert werden.

10.1 Arbeiten zur Filialtherapie aus dem Anglo-amerikanischen

Die anglo-amerikanische Untersuchungshistorie zur Filialtherapie reicht schon mehrere Jahrzehnte zurück. Seit Guerneys systematischer Beschreibung der Filialtherapie wurde eine große Zahl von Studien zu diesem Thema durchgeführt, um den Erfolg und die Effektivität dieser Therapieform zu prüfen. Um bereits den generellen Ergebnistrend vorweg zu nehmen: Vierzig Jahre Forschung haben gezeigt, dass die Filialtherapie eine innovative und gut belegte Möglichkeit ist, Eltern-Kind-Beziehungen zu stärken und Eltern-Kind-Interaktionsprobleme zu reduzieren.

So hat Oxman in einer frühen Arbeit bereits (1972) die Filialmethode nach Guerney mit nicht weniger als 128 Müttern (51 in einer Trainingsgruppe, 77 in einer Kontrollgruppe) untersucht. Im Ergebnis zeigte sich: Die Mütter der Trainingsgruppe berichteten signifikante Verhaltensverbesserungen bei ihren Kindern. Sie berichteten auch von großer Zufriedenheit mit dem Training.

Ein anderer Autor, A. E. Sywulak, hat 1978 mit 32 Eltern gearbeitet, die 19 Kinder hatten. Am Ende zeigte sich ein signifikanter Anstieg elterlicher Akzeptanz für ihre Kinder unmittelbar nach dem Training und in Follow-Ups zwei und vier Monate später. Die berichteten Erfolge zeigten sich bei zurückgezogenen Kindern rascher als bei aggressiven Kindern. Ähnliche Ergebnistrends zeigten sich in der Untersuchung von Beckloff (1998).

Sensue (1981) führte vier Monate lang Filialtherapien nach Guerney mit 25 Eltern (mit 16 Kindern im Alter von 6–14 Jahren) durch. Als Ergebnis zeigte sich eine Abnahme kindlicher Verhaltensauffälligkeiten; erstaunlicherweise ließen sich in einem Follow-up die erwünschten Ergebnisse des Filialtrainings noch nach drei Jahren bestätigen

Aufgrund eines etwas längeren Trainings über zehn 10 Wochen konnte Glass (1986) die Effekte einer Filialtherapie nach Landreth bei 27 Eltern mit 20 Kindern (Alter 5–10 Jahre) in einem Kontrollgruppenversuch machweisen, 15 Eltern gehörten zur Trainings-, 12 zur Kontrollgruppe. Es ergaben sich positive Trends hinsichtlich der Verbesserung des Selbstbewusstseins der Kinder und bei den Eltern sowie eine signifikante Reduktion familiärer Konflikte, während Veränderungen in Kontrollgruppe nicht beobachtet wurden.

In der Folgezeit hat es eine größere Zahl von Dissertationen aus dem Spieltherapiezentrum der University of North Texas, das unter der Leitung von Garry Landreth stand, gegeben. Seine heutige Nachfolgerin, Sue Bratton, hat 1993 das sich über zehn Wochen erstreckende Filialtherapieprogramm mit 43 allein erziehenden Eltern von drei- bis siebenjährigen

Kindern – 22 in der Trainingsgruppe und 21 in der Kontrollgruppe – durchgeführt. Ergebnis war, dass in der Trainingsgruppe eine signifikante Verringerung von kindlichen Verhaltensproblemen und elterlichem Stress erfolgt sind.

Auch Glover (1996) hatte das 10-Wochen-Filialtherapieprogramm nach Landreth in einem Kontrollgruppenversuch untersucht, und zwar mit 21 Eltern, die 21 Kinder im Alter zwischen drei und zehn Jahren hatten. Bei Kindern der Trainingsgruppe ergab sich eine signifikante Zunahme produktiven Verhaltens der Kinder im Spiel mit den Eltern sowie positive Trends hinsichtlich der Selbstkonzeptentwicklung, der elterlichen Akzeptanz sowie ein bedeutsamer Anstieg der elterlichen Empathie und Abfall des elterlichen Stresslevels.

Das Autorenteam Bavin-Hoffman, Jennings und Landreth hat 1996 herausgefunden, dass ein zehnwöchiges Filialtherapietraining nicht nur die interpersonellen Kommunikationen zwischen den Ehepartnern sowie zwischen Eltern und Kindern optimiert, sondern auch Verhaltensverbesserungen bei den einbezogenen Kindern zur Folge hatte.

Bratton und Moffit (1998) wandten die Prinzipien der Filialtherapie mit großem Erfolg nicht bei den leiblichen Eltern, wie ursprünglich von Bernard Guerney vorgesehen, sondern bei den sorgebrechtigten Großeltern an, die Spielstunden mit ihren Enkeln durchführten.

In den bis hierher zitierten Arbeiten ging es um den Nachweis der generellen Effektivität der Filialtherapie. Die Nachfolgeuntersuchungen hatten die Anwendung des Verfahrens bei ausgesuchten Zielgruppen zum Gegenstand.

Glazer-Waldman, Zimmerman, Landreth und Norton (1992) führten Filialtherapien mit Eltern von *chronisch kranken Kindern* durch, konnten zwar keine Reduktion der kindlichen Ängstlichkeitsscores, aber eine Zunahme der elterlichen Akzeptanz belegen. Tew (1997) hatte ebenfalls die Zielgruppe der Eltern von *chronisch kranken Kindern* im Fokus. Bei den trainierten Eltern zeigte sich in dieser Untersuchung nun doch eine signifikante Reduktion der kindlichen Verhaltensprobleme, insbesondere bei depressiven und ängstlichen Symptomatiken der Kinder, aber auch des erlebten elterlichen Stresses und eine Steigerung der elterlichen Akzeptanz dieser Kinder, die schwerste Erkrankungen aufwiesen. Tew, Landreth, Joiner und Solt (2002) replizierten später die Untersuchung mit chronisch kranken Kindern und kamen zu positiven Effekten bezüglich der Abnahme der Verhaltensauffälligkeiten der Kinder, operationalisiert am CBCL-Gesamtscore sowie an der Angst-Depressions-Subskala der CBCL.

Glover (1996) wandte das Verfahren erfolgreich bei Eltern aus *indianischen Reservaten* an.

Yeun (1997) hat das Filialtherapietraining nach Landreth mit 35 immigrierten *chinesischen Eltern* mit Kindern im Alter von 2 bis 10 Jahren durchgeführt. Auch bei dieser Gruppe eines fremden Kulturkreises, in welchem die Äußerung von starken Emotionen eher ungewöhnlich ist, ergab sich eine signifikante Verringerung der kindlichen Verhaltensprobleme und des elterlichem Stresslevels. Die Trainingsgruppe wies einen Anstieg elterlicher Empathie und Akzeptanz auf. Mit gleicher Intention haben Chau und Landreth (1997) ein zehnwöchiges Filiatherapietraining mit *chinesischen Einwanderungseltern* durchgeführt; mit einem Kontrollgruppendesign konnte kovarianzanalytisch gesichert werden, dass sich Empathie und Akzeptanz den eigenen Kindern gegenüber steigern ließen, während sich das Stresserleben in Bezug auf das Erziehungsgeschehen bei ihnen reduzierte. Yuen, Landreth und Baggerly (2002) bestätigten in ihrer Untersuchung diese Ergebnisse und sicherten darüber hinaus bei den beteiligten Trainingskindern eine Selbstkonzeptverbesserung. Zwei Untersuchungen von Lee (2002) und Jang (2002) *mit koreanischen Einwanderungseltern* erbrachten vergleichbare Ergebnisse. Kidron (2003) wies entsprechende Effekte bei Gruppen aus *Israel* nach.

In einer Arbeit von Beckloss (1997) wurde die Auswirkung von Filialtherapien *bei Kindern mit tiefgreifenden Entwicklungsstörungen* aufgezeigt. In einer anderen Arbeit von Boll (1972) ging es um Einstellungsänderungen *von Müttern* geistig behinderter Kinder. Bratton und Landreth (1995) untersuchten die Wirksamkeit der Filialtherapie bei Ein-Eltern-Familien mit positivem Ergebnis, Akzeptanz, Einfühlsamkeit und Stressresistenz gegenüber dem eigenen Kind hatten sich zum Positiven hin verändert. Kale und Landreth (1999) untersuchten schließlich die Effektivität der Filialtherapie bei Eltern von 22 Grundschulkindern mit *Lernstörungen*.

Costas und Landreth (1999) wandten sich in ihrer Untersuchung dem *Problem des sexuellen Missbrauchs* zu; nach einem zehnwöchigen Filialtherapietraining sicherten sie die Zunahme von Empathie und Akzeptanz der 26 beteiligten Eltern (die natürlich nicht die Täter waren), sowie eine Reduktion der kindlichen Ängstlichkeit und eine Zunahme der emotionalen Anpassung und des Selbstwertgefühls.

Harris und Landreth (1997) ließen 22 *inhaftierte Mütter* im Rahmen eines Filialtherapietrainings mit ihren Kindern im Alter zwischen drei und zehn Jahren, die außerhalb der Haftanstalt lebten, im Gefängnis spielen, und zwar zweimal wöchentlich über einen Zeitraum von zweieinhalb Monaten, die Zahl der Spielsitzungen betrug zehn. Im Prä-Post-Kontrollgruppenvergleich konnten eine Zunahme der mütterlichen Empathie und Akzeptanz und eine Reduktion der Stressindizes auf Seiten der Mütter und eine Abnahme der kindlichen Verhaltensstörungen kovarianzanalytisch gesichert werden. Landreth und Lobaugh (1998) replizierten diese Ergebnisse *bei 32 inhaftierten Vätern* mit vier- bis neunjährigen Kindern.

Dillman Taylor, Purswell, Lindo, Jayne und Fernando (2011) haben unter dem Titel „The impact of Child Relationship Therapy on child behavior und parent-child relationships: an examination of parental divorce" im *International Journal of Play Therapy* die Wirksamkeit des CPRT-Filailtraining bei *Scheidungskindern und -familien* am Beispiel von drei Elternteilen untersucht und fanden heraus, dass sich im Vorher-Nachher-Vergleich der elterliche Stress und die kindlichen Probleme reduziert hatten. Die Eltern berichteten, dass sie sich ihren Kindern näher fühlten und Erziehungskompetenzen dazu gewonnen hätten, wodurch die mit einer Ehescheidung verbundenen psychischen Probleme auf Seiten des Kindes und der Elternteile reduzierten.

Ein alternativer filialtherapeutischer Ansatz ist von Garry Landreth für jüngere Spielanleiter, nämlich Schüler, entwickelt und evaluiert worden. Solche filialtherapeutischen Projekte an Schulen sind von Landreth (1993) im Rahmen von so genannten „Peer Counseling Programs" mit Schülern höherer

Klassenstufen der High School durchgeführt worden. Diese „Spieltutoren" wurden in den wichtigsten spieltherapeutischen Prinzipien trainiert und jüngeren Kindern zugewiesen. In der Untersuchung von Baggerly (1999) wurden analog Regelschülern einer 5. Klasse die filialtherapeutischen Prinzipien vermittelt, womit sie auf Spielstunden mit Kindergartenkindern vorbereitet wurden, die symptomatisch gewisse soziale Anpassungsschwierigkeiten in Form von Schüchternheit, Angst und depressiven Verstimmungen zeigten. Das Trainingsprogramm orientierte sich an dem zehnwöchigen Elterntraining nach Landreth (1991), wurde jedoch auf einen Durchführungszeitraum von fünf Wochen mit wöchentlich zwei Trainingsstunden verkürzt. Die Spielpaare trafen sich einmal wöchentlich für insgesamt zehn gemeinsame, jeweils zwanzigminütige Spielstunden. Während der Durchführungszeit erhielten die Spieltutoren Rückmeldungen, zusätzlich fanden Gruppensupervisionen statt. Im Vor-Nachtest-Vergleich zeigten sich positive Trends hinsichtlich der Steigerung des positiven Selbstkonzeptes und der Abnahme von Verhaltensauffälligkeiten der Kindergartenkinder. Dass sich nicht noch deutlichere Effekte zeigten, wurde von Braggerly auf die geringe Anzahl der durchgeführten Spielstunden zurückgeführt.

Jones, Rhine und Bratton (2002) arbeiteten mit Schülern einer High-School und folgten ebenfalls der Grundlage des filialtherapeutischen Trainings von Landreth (1991). Auch diese Autoren bildeten Spielpaare aus Spieltutoren und Spielkind. Die einbezogenen Kindergarten- bzw. Vorschulkinder wiesen ebenfalls Anpassungsschwierigkeiten auf, z.B. ängstliches, schüchternes, zurückgezogenes, depressives Verhalten, aber auch sozial unangepasstes bis aggressives Verhalten. Das Trainingsprogramm umfasste auch hier zehn Trainingsstunden, jedoch wurde der Durchführungszeitraum auf 24 Wochen verlängert, während derer die Spielpaare bis zu 20 Spielstunden mit 20minütiger Dauer durchführten. Die Spieltutoren erhielten auch hier Gruppen- und Einzelsupervisionen. Als Erfolgsbeurteiler dienten in dieser Untersuchung die jeweiligen Eltern und auch die Lehrer/Erzieher. Die Elternbefragungen ergaben eine signifikante Verringerung des Gesamtscores für Verhaltensstörungen (gemäß CBCL) sowie internalisierender

Verhaltensweisen (Angst, sozialer Rückzug, Depression) im Kontrollgruppenvergleich. Für die Reduktion externaler Verhaltensauffälligkeiten (aggressives, delinquentes Verhalten) waren im Elternurteil lediglich Tendenzen zu verzeichnen. Auch im Lehrerurteil (gemäß TRF) zeigte sich ein Trend in Richtung auf eine Reduktion auffälliger Verhaltensweisen. In Ergänzung zur zuvor zitierten Studie von Baggerly (1999) wurden in diesem Projekt auch die Spieltutoren beobachtet, wozu Videoaufzeichnungen der ersten und letzten Spielstunde anhand einer Beurteilungsskala zur Erfassung von Empathie herangezogen wurden. Die Ergebnisse zeigten einen signifikanten Anstieg empathischer Äußerungen, akzeptierender Kommunikationen sowie der Aufmerksamkeit und Teilnahme am Spiel des jüngeren Partners.

In einem Beitrag von Goetze (2007) wurden diese Ergebnisse für den deutschsprachigen Raum im Prinzip repliziert. In dieser empirischen Untersuchung ging es allerdings auf die Einbettung des Verfahrens in die schulische Arbeit an Förderschulen. Im Ergebnis zeigte sich, dass das filialtherapeutische Verfahren mit Förderschülern als durchführbar erscheint, dass eine Kompetenzsteigerung der älteren Tutoren aus derselben Schule im Kontrollgruppenvergleich nachweisbar war, dass die jüngeren Spielkinder (Erst- und Zweitklässler) eine Reduzierung von Verhaltenssymptomen nach Lehrerurteil aufwiesen und dass sich die Spielprozesse in die erwartete Richtung entwickelten.

Die zuletzt zitierten Untersuchungen, bei denen eine Übertragung des filialtherapeutischen Konzepts auf Schulsettings versucht wurde, zeigten insgesamt ermutigende Ergebnisse in Richtung auf eine Reduktionen auffälliger Verhaltensweisen bei den jüngeren Kindern sowie verbesserte soziale Kompetenzen bei den zuvor trainierten Spieltutoren.

Die vorliegenden Forschungsbefunde zur Filialtherapie zusammenfassend, lässt sich aussagen, dass sich durchgängig
- Verminderung kindlicher Verhaltensprobleme,
- Verbesserung des kindlichen und elterlichen Selbstkonzeptes,
- Erhöhung der elterlichen Akzeptanz,

- Erhöhung der elterlichen Empathie,
- Verminderung von elterlichem Stress

gezeigt haben.

Will man eine größere Zahl von Studien zu einem Gegenstandsbereich zusammenfassen, ist das statistische Verfahren der Metaanalyse angezeigt. Metaanalysen wurden für die Effekte von Spieltherapien durchgeführt, aber auch für Filialtherapien. Eine bekannt gewordene Metaanalyse von Ray, Bratton, Rhine und Jones (2001) unter Einbezug von 94 spiel- und filialtherapeutischen Studien kam zu dem Ergebnis, dass Spieltherapien mit einer Effektstärke von .73 eine effektive Behandlungsmöglichkeit kindlicher Probleme darstellen. Erstaunlicherweise erreichten Filialtherapien im Vergleich zu spieltherapeutischen Verfahren ohne Beteiligung eines Elternteils noch höhere Effektstärken: Die Effektstärke bemaß sich auf 1.06, d.h. dass filialtherapeutische Gruppen 1.06 Standardabweichungen besser als Kontrollgruppen abschneiden. Die Beteiligung eines Elternteils am Therapiegeschehen stellte sich als signifikanter Prädiktor für den Erfolg der Therapie heraus (p= .008).

10.2 Untersuchung einer Filialtherapie mit deutschen Müttern einer Kureinrichtung

Aus den im vorangegangenen Abschnitt aufgeführten Einzelstudien ist die Nützlichkeit des Verfahrens bei verschiedenen Problemgruppen in unterschiedlichen Kontexten belegt worden. Allerdings entstammen die Untersuchungen ausschließlich dem anglo-amerikanischen Sprachraum. Mit unserer Untersuchung (siehe Grskovic, & Goetze, 2008) sollte nun ein erster Replikationsversuch mit Müttern im deutschsprachigen Raum durchgeführt werden, zumal das Verfahren der Filialtherapie innerhalb des deutschsprachigen Raumes noch nahezu unbekannt geblieben ist.

Wir stellten uns also die Leitfrage: *Sind Effekte eines filialtherapeutischen Trainings auch bei deutschen Müttern nach einem verkürztem Training nachweisbar?*

Es ging damit um Kompetenzsteigerungen der beteiligten Mütter, wie sie im vorangegangen Kapitel dargestellt worden sind. Konkret ging es auch um die Frage, ob es den Müttern gelingt, nach erfolgte Filialtraining in typischen Spielsituationen mit ihren Kindern in non-direktiverer Weise zu reagieren. Da im Mittelpunkt einer Filialtherapie die beteiligten Kinder stehen, stellte sich zudem die Frage nach kindlichen Verhaltensänderungen nach Abschluss des Trainings, die Frage war: Ist nach Interventionsdurchführung eine Reduktion an kindlichen Verhaltensauffälligkeiten nachweisbar, soweit diese von den beteiligten Mütter wahrgenommen werden? Weiterhin sollte überprüft werden, ob sich durch das Filialtherapietraining die von den Müttern perzipierte Mutter-Kind-Interaktion, die sich an den Dimensionen Verständnis, Empathie, wahrgenommene Erziehungskompetenz, Akzeptanz und Beziehungsqualität festmachen lässt, in erwarteter personenzentrierter Richtung ändert.

(Die Untersuchung wurde dankenswerterweise von den Psychologie-Diplom-Kandidatinnen S. Höpfner, 2003, und D. Pfotenhauer, 2004, durchgeführt, siehe auch Grskovic, & Goetze, 2008).)

10.2.2 Beschreibung des Vorgehens

In das filialtherapeutische Training sind 15 Mütter einbezogen, welche sich anlässlich eines dreimonatigen Kuraufenthaltes in einer Mutter-Kind-Kureinrichtung aufhielten und sich an dem filialtherapeutischen Angebot interessiert zeigten. Dieser Versuchsgruppe wurde eine Kontroll-Müttergruppe gegenüber gestellt, die in der gleichen Einrichtung zeitlich versetzt einen Kuraufenthalt mit den eigenen Kindern durchführte, ohne filialtherapeutisch trainiert zu werden.

Die Mütter der Trainingsgruppe waren im Durchschnitt 32,9 Jahre alt. Elf Mütter waren verheiratet oder lebten in einer eheähnlichen Partnerschaft, zwei waren geschieden und zwei ledig. Drei Probandinnen der Trainingsgruppe gingen keiner Beschäftigung nach, sieben waren halbtags beschäftigt und fünf Mütter arbeiteten ganztags. Sieben Mütter der Trainingsgruppe hatten ein Kind, fünf Mütter hatten zwei, eine Mutter hatte drei Kinder und zwei Probandinnen waren Mütter von vier Kindern.

Das Durchschnittsalter der 18 Mütter aus der Kontrollgruppe lag bei 34,6 Jahren. Fünf dieser Mütter waren ledig, vier waren geschieden und neun waren verheiratet. Sechs der Mütter gingen zum Zeitpunkt der Befragung keiner Berufstätigkeit nach, sieben Mütter arbeiteten halbtags und fünf Probandinnen hatten eine Ganztagsstelle. Fünf der Kontrollgruppenmütter hatten ein Kind, zehn hatten zwei Kinder und drei hatten drei Kinder. Die Mütter dieser Gruppe nahmen während ihres Kuraufenthaltes an keinerlei Elterntraining teil. Sie erklärten sich jedoch bereit, am Anfang und am Ende der Kur die Elternfragebögen in Bezug auf eines ihrer 4- bis 12-jährigen Kinder auszufüllen und an einem halbstrukturierten Interview teilzunehmen. Bei den Kindern der trainierten Mütter handelte es sich um neun Mädchen und sechs Jungen, die im Durchschnitt 5,8 Jahre alt waren. Die Kinder der Kontrollgruppe setzten sich aus sechs Mädchen und zwölf Jungen mit einem Durchschnittsalter von 7,3 Jahren zusammen.

Der Ort der Durchführung des filialtherapeutischen Trainings war eine Mutter-Kind-Kureinrichtung. Hierfür wurden den Trainingsleiterinnen und den interessierten Müttern zwei Räume innerhalb der Klinik bereitgestellt, in denen die unten beschriebenen Trainingseinheiten stattfanden.

Da die Filialtherapie darauf ausgerichtet ist, Mütter zur selbstständigen Durchführung therapeutischer Spielsitzungen mit ihren Kindern zu befähigen, war es notwendig, eine entsprechende Räumlichkeit zu schaffen. Die beiden Untersuchungsleiterinnen richteten zu diesem Zweck einen von der Leitung zur Verfügung gestellten Raum als Spielzimmer ein, der weitgehend den geforderten Kriterien entsprach. Es handelte sich hierbei um ein helles Zimmer mit einer Größe von circa 15 qm. Die bereitgestellten Spielmaterialien und Einrichtungsgegenstände wurden entsprechend den Spieltherapie-Kriterien ausgewählt. An den Wänden wurden offene Regale und Schränke in einer für Kinder angemessenen Höhe platziert, so dass ein jüngeres Kind auf alle Spielsachen ohne Hilfe eines Erwachsenen zugreifen konnte. Der Raum wurde thematisch in folgende Bereiche aufgeteilt: In einer Ecke wurden Matratzen aufgestapelt und mit Kissen und Stofftieren bestückt, was die Kinder zum Ausruhen oder Toben nutzen konnten. Der „Baubereich" bestand aus einer Truhe mit verschiedensten Bausteinen, Legosteinen und kleinen Spielfiguren aus vielen Lebensbereichen. Außerdem befand sich hier eine mit trockenem Sand gefüllte Babybadewanne. Ein anderer Spielbereich bestand aus einer kleinen Puppenküche mit Zubehör und einem Puppenhaus (umwandelbar zum Kasperletheater). Weiterhin wurde eine Vielzahl kreativer Medien zur Verfügung gestellt, so gab es eine Bastel- und Maltruhe, eine Musikecke und eine große Kiste mit Verkleidungsutensilien. Die Spielmaterialien waren weder neuwertig noch exklusiv.

Aufgrund des beschränkten Zeitbudgets im Rahmen einer Kurmaßnahme von nur drei Wochen musste das Training in vergleichsweise kompakterer Form durchgeführt werden, so dass für das Vortraining und die Spielsitzungen jeweils nur eine Woche zur Verfügung standen. Die Untersuchung gliederte sich für die Trainingsgruppe in *Voruntersuchung, Einführung, Training, Spielstundendurchführung* und *Nachuntersuchung*.

In der Einführungsveranstaltung ging es einerseits um die Organisation des Trainings (Termine, Zeit, Ort etc.) und das Kennenlernen in der Gruppe. Andererseits sollten bereits hier die Ziele geklärt werden, die mit einer Filialtherapie verfolgt werden. Die Mütter wurden auch ermutigt, die eigenen Erwartungen zu äußern, um sie zur Teilnahme zu ermuntern oder zu hohen Erwartungen entgegenwirken zu können. Vom Leitungsteam wurde das Verfahren knapp umrissen und begründet, warum ein solches Programm für Mütter indiziert sein kann. Zum Schluss der Einführungsveranstaltung wurde den Müttern das Spielzimmer gezeigt.

An erster Stelle stand die Vermittlung von der Basisfertigkeiten, wie sie im vorangegangenen Kapitel dargelegt worden sind: orientieren, reflektieren, mitspielen, Grenzen setzen.

Die an zwei aufeinander folgenden Tagen stattfindenden Trainingseinheiten von je circa neunzigminütiger Dauer dienten dazu, den Müttern diese zentralen Grundfertigkeiten der Filialtherapie zu vermitteln. Hierbei kamen folgende Arbeitsmittel und Trainingsstrategien zum Einsatz: Arbeitsblätter, Beispielvideos, Kommunikationsübungen, Rollenspiele.

Den meisten Müttern fiel es schwer sich vorzustellen, wie die erworbene Theorie in die Praxis umzusetzen sei. Die gelernten Prinzipien verlangten ein neues und somit ungewohntes Interaktionsverhalten im Umgang mit ihren Kindern. Um den Trainingsteilnehmerinnen die Anwendung und Umsetzung der gelernten Fertigkeiten zu erleichtern, wurde ihnen ein Beispielvideo aus einer Spieltherapiesitzung einer Untersuchungsleiterin gezeigt. Die Diskussion konkreter Szenen und Inhalte verringerte die Skepsis auf Seiten der Mütter und ermunterte sie, die bevorstehenden Spielstunden theoriegeleitet durchzuführen. Um die korrekte Anwendung der vier Basis-Fertigkeiten, vor allem das aktive Zuhören, zu trainieren, wurden mit ihnen Kommunikationsübungen mit aufsteigendem Schwierigkeitsgrad durchgeführt, wie dies im Abschnitt 9.2 beschrieben worden ist.

Im Anschluss an die Kommunikationsübungen wurden mit den Müttern zur weiteren Festigung der gelernten Prinzipien Rollenspiele durchgeführt. Anfangs spielten die zwei Trainingsleiterinnen verschiedene Szenen zwischen einer empathisch reagierenden Mutter und deren Kind vor. Die Mütter beobachteten diese Szenen und werteten sie anschließend in der Gruppe aus. Bei der nächsten Übungsstufe übernahm eine Trainingsleiterin die Rolle des spielenden Kindes und eine Mutter aus der Gruppe wurde aufgefordert, empathisch auf ihre Spielaktivitäten zu reagieren. Diese Rollenspiele wurden in der letzten Trainingsphase inhaltlich verlängert und vertieft. Die Trainingsleiterinnen achteten darauf, dass jede Mutter mindestens an einem Rollenspiel aktiv teilnahm. Innerhalb der Rollenspiele wurde versucht, möglichst alle wichtigen Situationen, die in einer Spielstunde auftreten (z.B. Stundenanfang und -ende, Grenzsetzung, Mitspiel) durchzuspielen. Die Rollenspiele der Mütter wurden in der Gruppe diskutiert. Hierbei wurden positive Aspekte ihrer Reaktionen besonders hervorgehoben und falls nötig Verbesserungsvorschläge für weniger gut gelungene Reaktionen gemacht.

Nach dem so gestalteten Training fand die *Spielstundendurchführung* statt.

Als Instrumente wurde ein informeller Fragebogen „Wie würden Sie reagieren?" (WWSR) eingesetzt, um Veränderungen der verbalen Reaktionen von Filialtherapie-Müttern zu messen. Der Fragebogen besteht aus 10 knapp geschilderten Situationsclips und jeweils zugeordneten Reaktionsalternativen. Die Antwortalternativen wurden nach dem Grad des direktiven Verhaltens bewertet: direktiv – neutral – nondirektiv.

Die ebenfalls eingesetzte Child Behavior Checklist (Arbeitsgruppe Deutsche Child Behavior Checklist, 1993) ist ein Elternfragebogen zu Verhaltenssymptomen von Kindern und Jugendlichen im Alter von 4 bis 18 Jahren. Er erfasst sowohl die elterliche Einschätzung von kindlichen Kompetenzen, als auch die Beurteilung von kindlichen Problemen und Auffälligkeiten. Für unsere Untersuchungszwecke wurden lediglich die sog. Syndromskalen herangezogen: Sozialer Rückzug, Körperliche Beschwerden, Angst/Depressivität, Soziale Probleme, Schizoid/zwanghaftes Verhalten, Aufmerksamkeitsstörung, Delinquentes Verhalten, Aggressives Verhalten. Die Werte dieser Skalen können zu Faktoren zweiter Ordnung, internalisierendes und externalisierendes Verhalten, zusammen gezogen werden; es lässt sich darüber hinaus auch ein Gesamtwert für das kindliche Problemverhalten errechnen.

Mit allen Müttern wurde jeweils am Ende des Kuraufenthaltes *ein halbstrukturiertes Interview* hinsichtlich wahrgenommener Veränderungen in der Mutter-Kind-Beziehung durchgeführt. Die Fragen waren auf die Dimensionen Verständnis, Empathie, wahrgenommene Erziehungskompetenz, Akzeptanz und Beziehungsqualität ausgerichtet.

10.2.3 Ergebnisse

Ob sich das mütterliche Gesprächsverhalten nach dem Filialtherapievorhaben in Richtung auf Non-Direktivität verändert hat, zeigen die Ergebnisse in Tabelle 3, in der Mittelwerte und Standardabweichungen für den errechneten Gesamtwert im Fragebogen WWSR zu entnehmen sind, wobei der Grad der Non-Direktivität gemessen wurde: je kleiner die Messung, desto direktiver das Gesprächsverhalten. Der erreichbare Deckenwert für die acht Items sind 16 Punkte.

Tab. 3: Mittelwerte und Standardabweichungen im WWSR für Trainings- und Kontrollgruppe im Vorher-Nachher-Vergleich

	Gesamtwert WWSR			
	Vortest		Nachtest	
	Mean	SD	Mean	SD
Trainingsgruppe (N=15)	4.80	1.699	10.53	4.274
Kontrollgruppe (N=18)	4.78	2.157	5.67	2.249

Zum Vortestzeitpunkt ergeben sich keine Mittelwertsunterschiede zwischen Kontroll- und Trainingsgruppe ($p > 0.10$). Eine einfaktorielle Varianzanalyse mit Messwiederholung zeigt eine signifikante Interaktion zwischen Messzeitpunkt und Gruppenzugehörigkeit auf ($F = 13.756$; $p < .001$). Während sich das Gesprächsverhalten der Trainingsgruppe über die Zeit in Richtung nondirektiv signifikant veränderte ($M = 4.80$ vs. $M = 10.53$) ($t <14> = -4.822$, $p < .001$), blieben die Werte in der Kontrollgruppe relativ konstant niedrig ($M = 4.78$ vs. $M = 5.67$) ($t <17> = -1.334$, $p > .10$).

Mit einer anderen Fragestellung sollte untersucht werden, ob sich das von den Müttern eingeschätzte kindliche Verhalten durch das Filialtherapietraining in positiver Richtung verändert. Es wurde erwartet, dass die Mütter der Trainingsgruppe im Nachtest weniger kindliche Verhaltensauffälligkeiten in der Child Behavior Checklist beschreiben als die Mütter der Kontrollgruppe. Zur Überprüfung der Hypothese wurden die Mittelwerte der Skalen „T-Wert Gesamt", „T-Wert internalisierende Störung" und „T-Wert externalisierende Störung" der CBCL errechnet und inferenzstatistisch überprüft. Tabelle 4 gibt einen Überblick über die entsprechenden Kennwerte der beiden Untersuchungsgruppen:

Tab. 4: Mittelwerte und Standardabweichungen für die berechneten T-Werte der Child Behavior Checklist (CBCL) der Versuchs- und der Kontrollgruppe zum Vor- und Nachtest

T-Wert Gesamt

	Vortest		Nachtest	
	Mean	SD	Mean	SD
Trainingsgruppe (N=15)	63.00	7.83	53.73	11.37
Kontrollgruppe (N=18)	59.28	9.87	55.61	9.37

T-Wert internalisierende Störungen

	Vortest		Nachtest	
	Mean	SD	Mean	SD
Trainingsgruppe (N=15)	60.60	10.40	52.73	11.31
Kontrollgruppe (N=18)	58.56	9.95	56.33	10.02

T-Wert externalisierende Störungen

	Vortest		Nachtest	
	Mean	SD	Mean	SD
Trainingsgruppe (N=15)	58.73	10.74	52.00	8.37
Kontrollgruppe (N=18)	56.06	11.67	52.78	7.53

Im Vortest zeigen sich auf keiner der drei Skalen signifikante Mittelwertsunterschiede zwischen Trainings- und Kontrollgruppe (t-Test, $p > 0.10$). Die Berechnung einer einfaktoriellen Varianzanalyse mit Messwiederholung erbringt einen signifikanten Haupteffekt über die Zeit: Die Werte aller drei Skalen sind im Nachtest für beide Untersuchungsgruppen signifikant kleiner als im Vortest (p < .001).

Eine weitere statistische Analyse der Wechselwirkungen zwischen den Variablen ergibt: Der „T-Wert Gesamt" und „T-Wert internalisierende Störung" wurde für den Unterschied zwischen Kontroll- und Trainingsgruppe auf dem 5%-Niveau signifikant, die Mittelwerte der Trainingsgruppe nahmen auf diesen zwei Skalen signifikant stärker ab (M = 63.00 vs. M = 53.73 und M = 60.60 vs. M = 52.73), als die der Kontrollgruppe (M = 59.28 vs. M = 55.61 und M = 58.56 vs. M = 56.33). Die untersuchten Gruppen unterschieden sich hingegen bezüglich der Veränderungen auf der Skala „T-Wert externalisierende Störung" nicht signifikant. Tabelle 5 bietet einen Überblick über die beschriebenen varianzanalytischen Ergebnisse.

Tab. 5: Statistische Signifikanzen der Interaktion Zeit x Gruppe auf den Skalen der CBCL

Skala CBCL	F	P
T-Wert Gesamt	6.959	.013*
T-Wert internalisierende Störung	5.265	.029*
T-Wert externalisierende Störung	1.564	.220

* signifikant auf dem .05 - Niveau

Damit kann die Annahme teilweise bestätigt werden, dass bei Kindern der Untersuchungsgruppe Verhaltensauffälligkeiten deutlicher reduziert wurden als in der Kontrollgruppe. Dies trifft sowohl für das von den Müttern eingeschätzte Gesamtverhalten als auch für spezifische internalisierende Verhaltensweisen zu. Dagegen ergaben sich keine signifikanten Gruppenunterschiede bezüglich den Veränderungen im Bereich externalisierender Verhaltensauffälligkeiten, was unten zu kommentieren sein wird.

Zur Überprüfung der Annahme, dass sich durch das Filialtherapietraining die von den Müttern perzipierte Mutter-Kind-

Interaktion in positiver Richtung verändert, wurde ein halbstrukturiertes Interview (HsI) durchgeführt, mit dessen Hilfe die Mütter der Trainings- und der Kontrollgruppe eine Selbsteinschätzung vornehmen sollten, ob und inwiefern sich für sie Veränderungen in den Inhaltsdimensionen Verständnis, Empathie, wahrgenommene Erziehungskompetenz, Akzeptanz und Beziehungsqualität ergeben hätten.

In einem ersten Auswertungsschritt wurde prozentbezogen erfasst, wie viele Mütter in den aufgeführten Dimensionen Veränderungen wahrgenommen haben. In Tabelle 6 sind die entsprechenden Prozentangaben vorzufinden, die sich auf von Müttern der Trainings- und der Kontrollgruppe perzipierte Veränderungen in den Inhaltskategorien beziehen.

Tab. 6: Veränderungsangaben der Trainings- und Kontrollgruppe in %

Angaben von Veränderungen in %					
	Verständnis	Empathie	Erziehungskompetenz	Akzeptanz	Beziehungsqualität
Trainingsgruppe	80,0 %	86,7 %	70,0 %	66,7 %	80,0 %
Kontrollgruppe	27,8 %	30,6 %	36,1 %	27,8 %	50,0 %

Die Mütter beider Gruppen gaben zu erkennen, dass sich der Kuraufenthalt positiv auf die Interaktion zum eigenen Kind ausgewirkt hat. Allerdings sind die Veränderungen hinsichtlich Verständnis, Empathie, Erziehungskompetenz, Akzeptanz und Beziehungsqualität der Trainingsgruppe über alle Kategorien hinweg deutlicher als die der Trainingsgruppe; die Prozentdifferenz zwischen den Gruppen variiert zwischen 30% und 56%.

Im halbstrukturierten Interview wurden die beteiligten Mütter auch um eine Einschätzung möglicher Veränderungen auf einer fünfstufigen Skala („keine – geringe – mittelmäßige – starke – sehr starke Veränderung") gebeten, womit zusätzlich das quantitative Ausmaß der perzipierten Änderungen erfasst werden sollte. Aus Abbildung 10 gehen die Vergleichsergebnisse hervor:

Abb. 10: Eingeschätzte Intensität von Veränderungen in der Mutter-Kind-Beziehung

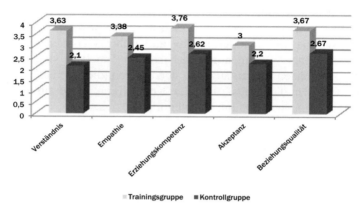

Anmerkungen: 1= keine Veränderung/Verschlechterung 2= geringe Veränderung
3= mittlere Veränderung 4= starke Veränderung 5= sehr starke Veränderung

Um zu überprüfen, ob die abgebildeten Differenzen nur sich statistisch unterscheiden, wurde ein t-Test für unabhängige Stichproben durchgeführt, der signifikante bis hochsignifikante Unterschiede auf allen Dimensionen zeitigt, wie aus Tabelle 6 hervorgeht:

Tab. 6: t-Test-Signifikanzen für Hsl-Dimensionen

	T	P
Hsl-Gesamt	5.096	.000***
Hsl-Verständnis	5.985	.000***
Hsl-Empathie	4.702	.000***
Hsl-Erziehungskompetenz	3.584	.001***
Hsl-Akzeptanz	2.594	.014**
Hsl-Beziehungsqualität	3.113	.004**

Tabelle 6 ist zu entnehmen, dass die eingeschätzten Intensitätsunterschiede zwischen den Gruppen hinsichtlich Verständnis, Empathie, Erziehungskompetenz und Gesamteinschätzung am deutlichsten ausgefallen sind; aber auch hinsichtlich der Dimensionen Akzeptanz und Beziehungsqualität waren bedeutsame Unterschiede zwischen den Gruppen aufzufinden.

10.2.4 Schlussfolgerungen

Generell hat sich gezeigt, dass eine Filialtherapie auch mit deutschen Müttern umsetzbar ist und dass sich im Kontrollgruppenvergleich die erwarteten Effekte zeigen. Insgesamt stehen die Ergebnisse in Einklang mit den Untersuchungen anglo-amerikanischer Provenienz, die im vorangegangenen Abschnitt berichtet worden sind. Den Trainingsmüttern gelingt es nach erfolgter Filialtherapie, in typischen Spielsituationen mit Kindern mit erhöhter Non-Direktivität zu reagieren als vorher: Das Gesprächsverhalten der Trainingsgruppe hat sich über die Zeit in Richtung non-direktiv signifikant verändert, während die Reaktionen der Kontrollgruppe auf relativ konstant niedrigem Niveau verblieben sind.

Die Erwartung, ob sich das von den Müttern eingeschätzte kindliche Verhalten nach einem Filialtherapietraining in Richtung auf eine Verringerung der berichteten Verhaltenssymptome ändert, konnte zum großen Teil positiv bestätigt werden. „T-Wert Gesamt" und „T-Wert internalisierende Störung" wurden signifikant, was sich allerdings nicht für die Variable „T-Wert externalisierende Störung" ergab. Dass sich internale im Vergleich zu externalen Symptomen stärker haben reduzieren lassen, kann angesichts der vorliegenden Literaturergebnisse nicht verwundern; so kam auch Sywulak (1977) zu einem ähnlichen Ergebnis, nach welchem bei zurückgezogenen im Vergleich zu aggressiven Kindern schnellere Filial-Trainingserfolge erzielbar waren. Man könnte schließen, dass internale Verhaltensstörungen schneller durch eine Filialtherapie zu verringern sind als externale, und dass ein Filialtherapietraining sich noch gezielter mit den nach außen gerichteten Störungen zu befassen hätte.

Die von den Müttern perzipierte Mutter-Kind-Interaktion, die sich an den Dimensionen Verständnis, Empathie, wahrgenommene Erziehungskompetenz, Akzeptanz und Beziehungsqualität festmachen lässt, hat sich in positiver Richtung verändert. Es ließen sich signifikante bis hoch signifikante Veränderungen bei den trainierten Müttern, auch im Vergleich mit den Müttern der Kontrollgruppe, nachweisen. Auch die von den beteiligten Müttern eingeschätzte Veränderungsintensität ergab sehr bis hoch signifikante Gruppenunterschiede, so dass geschlossen werden kann, dass sich die eingeschätzten Interaktionsmerkmale nach einem Filialtherapietraining in der erwarteten Richtung änderten.

Damit konnten die Erwartungen an das verkürzte filialtherapeutische Verfahren im Großen und Ganzen erfüllt werden. Allerdings sind bezüglich der erzielten Ergebnisse auch gewisse Einschränkungen zu machen, die die geringe Stichprobengröße, die Trainererfahrung, die Qualität der Erfassungsinstrumente und die Nachhaltigkeit des Trainings betreffen. Zusammenfassend kann jedoch ausgesagt werden, dass dem Anspruch, die Wirksamkeit des in seiner Länge und Intensität modifizierten Filialtherapie-Trainingsprogramms im Rahmen einer deutschen Mutter-Kind-Kurmaßnahme in einer explorativen Studie zu demonstrieren, gerecht geworden ist.

Kapitel 11
Beispielhafter Verlauf einer Filialtherapie

(Durchgeführt von Claudia Huth und Iljana Rienäcker)

11.1 Ausgangsbedingungen und Vorbereitungen

Die im Folgenden skizzenhaft dargestellte Filialtherapie fand an der Sonderpädagogischen Beratungsstelle in Potsdam statt, d.h. dass wir beiden Anleiterinnen uns mit zwei Bezugspersonen in den dortigen Räumen trafen, die Filialtherapien vorbereiteten und die Spielstunden mit den Kindern dort auch durchführen ließen. Dieses Arrangement erlaubte es uns, das Spielgeschehen hinter einer Einwegscheibe zu verfolgen und die Stunden zu videografieren. Im Gegensatz zum üblichen Arrangement brauchten die beiden Bezugspersonen, eine Mutter und eine Großmutter, also keine eigenen Räumlichkeiten bereit zu stellen und Spielmaterialien zu beschaffen. Diesem Vorteil stand als Nachteil gegenüber, dass die Bezugspersonen einen größeren Zeitaufwand für den Aufenthalt in der Beratungsstelle einzuplanen hatten, was für sie allerdings lösbar war.

Wir beiden Anleiterinnen hatten eine mehrsemestrige Ausbildung in der Personenzentrierten Spieltherapie absolviert und waren intensiv auf unsere Rolle als Filialtherapeutinnen vorbereitet worden. Im Anschluss an jedes videografierte Gruppentreffen mit den Bezugspersonen erhielten wir eigene Supervisionen zu unserer Anleiterrolle.

Für die Filialtherapie wurden zwei Kinder ausgewählt, die zuvor bereits spieltherapeutisch von uns betreut worden waren. Es handelte sich zum Einen um das Kind Sonja, 4;11 Jahre alt. Sonja wurde uns mit verschiedenen Symptomen vorgestellt wie Einnässen, Essstörungen, grob- und feinmotorische Auffälligkeiten sowie Sprachdefizite. Zu Hause und im Kindergarten soll

Sonja insbesondere in Trennungssituationen grenzverletzendes Verhalten gezeigt haben. In Sonjas Fall war nicht die eigene Mutter, sondern ihre Großmutter Helga die Spielpartnerin. Helga zeigte mitunter stark ausgeprägte depressive Stimmungen, litt an einer gegenwärtig medizinisch gut kontrollierten Krebserkrankung und hatte selbst Therapieerfahrung. Helga war wegen der Berufstätigkeit von Sonjas Mutter stark in die Erziehung des Mädchens eingebunden; sie zeigte einen schwankenden Erziehungsstil, war inkonsequent oder autoritär in problematischen Situationen, was wiederum zu komplizierten Beziehungsbelastungen bei allen Beteiligten, auch bei Helga, führte. Sonjas Mutter war alleinerziehend, oft mit der Erziehung der Tochter überfordert und litt selbst ebenso wie ihre eigene Mutter Helga an depressiven Verstimmungen.

Bei dem zweiten Kind handelte es sich um die fünfjährige Anke, die tagsüber während der Mittagsruhe in der Kita einnässte, was bei allen Anwesenden zu deutlichen Irritationen führte. Anke war in kritischen Erziehungssituationen schwer beeinflussbar und ließ sich fast nicht auf Gespräche ein. Sie neigte auch zu aggressiven Handlungen gegen andere Kita-Kinder, wenn sie ihre Ziele nicht unmittelbar umsetzen konnte. Ankes Mutter war die alleinerziehende Jeanette, die sich zwar finanziell mit Minijobs über Wasser halten konnte, aber finanziell weiter von den eigenen Eltern abhängig war. Jeanette war sehr auf ihr Äußeres bedacht, war immer modern gekleidet und sorgfältig frisiert.

Die Gruppentreffen fanden in der Sonderpädagogischen Beratungsstelle zu viert statt, also mit uns beiden Anleiterinnen und den beiden Bezugspersonen Helga und Janette.

Als Grundstruktur für die Treffen versuchten wir, diesem Schema zu folgen:
- Begrüßungsrunde,
- Wiederholung der beim letzten Treffen diskutierten Themen und ggf. Besprechung der Hausaufgabe,
- Einführung eines neuen Themas (ggf. mit Übungen),
- Besprechung der durchgeführten Spielstunden (ab der 3. Sitzung),
- Abschlussrunde.

Im Folgenden berichten wir über die durchgeführten zehn Gruppensitzungen, die jeweils neunzig Minuten dauerten. Nach dem zweiten Treffen fanden die Spielstunden mit den Kindern im Spielzimmer der Beratungsstelle statt.

11.1.1 Erste Sitzung Filialtherapie

Der ersten Filialtherapiesitzung kommt stets eine deutlich steuernde Wirkung zu, denn was in ihr geleistet oder auch nicht geleistet wird, hat Auswirkungen auf alle Nachfolgesitzungen. Deshalb soll diese erste Sitzung hier ausführlicher dargestellt werden.

Einführungsrunde. Unsere erste Gruppensitzung mit den beiden Bezugspersonen fand am Mitte Mai 2009 statt. Wir machten uns und die beiden Bezugspersonen zunächst miteinander bekannt. Die beiden sollten sich kurz vorstellen und die jeweilige Familienkonstellation und das Kind beschreiben.
Wir führten anschließend ein Gedankenspiel durch, indem wir sie danach fragten: Woran soll sich Ihr Kind in zwanzig Jahren zurückerinnern, wenn es an Sie denkt? Die beiden reagierten erwartungsgemäß, indem sie z. B. antworteten, dass das Kind schöne Gefühle und angenehme Erinnerungen haben sollte. Wir knüpften an diese Äußerungen an und versprachen, dafür zu sorgen, dass sie später einmal mit guten Gefühlen an die Zeit mit ihrem Kind zurückdenken werden.

Vermittlung des Reflexionsskills. Als nächstes führten wir das Skill REFLEKTIEREN ein und definierten es allgemeinverständlich als „gefühlsmäßig mit dem Kind mitgehen und mit einfachen Worten sagen, was man gesehen und gespürt hat". Um diese Fertigkeit zu veranschaulichen, spielten wir, die Anleiterinnen, modellartig eine kleine Sequenz vor, in der eine belastete Mutter ihren Kummer mit ihrem Sohn zum Ausdruck brachte. Dabei wurde den beiden Bezugspersonen deutlich, wie man gefühlsmäßig „mitgehen" und die eigenen Wahrnehmungen mit einfachen Worten ausdrücken kann.

Diese kleine Demonstration führte weiter zu einer Partnerübung, die beiden Frauen sollten ausprobieren, wie es sich anfühlt, durch Reflektieren verstanden zu werden bzw. die andere zu verstehen. Als Sprechanlass gaben wir vor „Wie war Ihr Tag gestern?" Wir achteten darauf, die Übung mit Jeanette als Zuhörerin zu beginnen, da sie auf uns den Eindruck machte, mit der Anforderung schon etwas besser zurechtzukommen. Beiden Bezugspersonen gelang es schon bald, zuzuhören und das Gehörte mit eigenen Worten wiederzugeben, ohne Fragen zu stellen, Bewertungen auszusprechen oder Ratschläge zu geben.

Die große Frage, die sich anschloss, war: Wie kann man dieses sog. Reflektieren bei Kindern anwenden? An dieser Stelle führten wir per Video eine kurze Situation aus einer unserer zuvor durchgeführten Spieltherapien mit Anke vor und erklärten ausführlich, warum die Therapeutin so sprach, wie sie sprach, und welche Äußerungen sie vermied. Wir führten an dieser Stelle den Ausdruck „aktives Zuhören" ein. Zur Umsetzung des aktiven Zuhörens hatten wir ein Merkblatt vorbereitet, das die zwei Kategorien „Was wir tun" und „Was wir vermeiden" aufwies (siehe S. 62 in diesem Buch).

Der nächste Schritt betraf das konkrete Reflektieren von Handlungen, verbalen Äußerungen und Gefühlen des Kindes. Naturgemäß fiel es den beiden Bezugspersonen nicht leicht, auf dieser Ebene widerzuspiegeln und zu reflektieren, was sie zuvor an sich selbst eingeübt hatten. Deshalb gaben wir ihnen die folgende kleine Kommunikationshilfe: „Stellen Sie sich vor, Sie sind in der Rolle einer Reporterin. Was könnten Sie als Reporterin sagen, wenn das Kind sich seinem Spielauto zuwendet?" Eine mögliche Äußerung könnte sein: „Du hast etwas Interessantes gefunden" und wenn das Kind die Spielaktivität wechselt: „Du hast etwas Neues (Küchenecke, Bausteine ...) entdeckt". Wenn eine Situation auftritt, in der das Kind innehält und etwas genauer anschaut: „Du schaust dir das einmal (Wecker, Geld, Handpuppe ...) genauer an." Wir rieten dazu, möglichst nicht die gleichen Worte wie das Kind beim Reflektieren zu verwenden. Wenn das Kind beim Malen z.B. sagt: „Meine Lieblingsfarbe ist gelb", könnte man reflektieren „Gelb gefällt dir am besten".

In dieser Phase wurden bereits besondere Probleme angesprochen, die aufgrund des Non-direktivitätsprinzips entstehen könnten. Wenn ein Kind z. B. fragt „Was ist das?" oder „Wie geht das?", dann sollte die Mutter nicht die Führung übernehmen, die Frage beantworten und damit die Gesprächsführung übernehmen, sondern weiterhin non-direktiv reagieren und z. B. reflektieren: „Du fragst dich, was das ist / wie das geht." Falls das Kind anschließend auf einer mütterlichen Antwort bestehen sollte, wird man auf den besonderen Kontext der Spielstunde hinweisen und z. B. antworten: „In dieser Spielzeit bestimmst ganz allein du, was das ist" oder „Du kannst damit so spielen, wie du möchtest."

Die Bezugspersonen brachten noch ein anderes Problem, dem sie begegnet waren, zur Sprache, nämlich was sie tun können, wenn das Kind sie ständig um Hilfe bittet. Wir ließen die beiden ein wenig darüber spekulieren, was dahinter stecken könnte, wenn ein Kind andauernd um Hilfe bittet. Es wurde deutlich: Damit könnte das Kind die Mutter bzw. Oma indirekt dazu veranlassen wollen, das Heft in die Hand zu nehmen. Als Lösung boten wir an, auch in solchen Situationen zu reflektieren: „Du möchtest, dass ich dir behilflich bin." Falls das Kind dennoch auf der mütterlichen Hilfe besteht oder falls der Wunsch des Kindes mit seinen Möglichkeiten nicht erfüllbar ist (z. B. beim Heben eines schweren Gegenstandes wie eines Tisches), sollten sie das Kind auffordern, eine Anweisung zu geben, wodurch die Führung weiterhin beim Kind verbliebe: „Sag mir, wie ich dir helfen kann." Die beiden Frauen reagierten auf die Lösung zugleich erleichtert und betroffen, denn einerseits scheint es ja gar nicht so schwer zu sein, auch in solchen Situationen des Hilfeeinforderns nicht die Führung zu übernehmen; andererseits wurde ihnen bewusst, dass sie sonst im Alltag dieses Prinzip zu wenig umsetzten. Wir beruhigten sie, indem wir ihnen zusicherten, dass es erst einmal ausreicht, nur während der dreißig Minuten Spielzeit so zu verfahren.

Wir beschlossen diese Diskussionen damit. Wenn möglich, sind stets die Gefühle des Kindes zu reflektieren, soweit sie zum Ausdruck gekommen sind (aufmerksam in Bezug auf die Mimik, Gestik und Stimmlage des Kindes sein, da dies die zentralen Ausdrucksmittel von Kindern sind), z. B.

- „Du bist jetzt sehr traurig/wütend, weil unsere Spielzeit zu Ende ist."
- „Du freust dich, dass du mich besiegt hast."
- „Du bist erstaunt/überrascht/erschrocken/enttäuscht/zufrieden …, weil …"

Zur Abrundung des Gesprächstrainings in dieser Sitzung wurden den beiden von uns zuerst Situationen mit kommentierten Lösungen überreicht und diskutiert, anschließend bekamen sie offene Skripts ohne Lösungen ausgehändigt, die beiden sollten also frei auf die offenen Situationen reagieren (siehe S. 84 ff. in diesem Buch).

Vermittlung des Skills MITSPIELEN. Die beiden beteiligten Bezugspersonen wurden auf die Bedeutung dieses Skills aufmerksam gemacht: Einerseits wird man mitzuspielen, wenn man dazu vom Kind aufgefordert wird, andererseits sollte die Spielführung dem Kind überlassen bleiben. Dabei wurde ein Arbeitsblatt ausgehändigt und besprochen, das auf Seite 93 in diesem Buch zu finden ist.

Nach der Klärung dieses Skills führten wir Rollenspiel-Übung zum Thema Mitspielen durch: Wir beiden Anleiterinnen setzten uns auf den Spielteppich, eine von uns spielte eine Mutter, die andere ein Kind; wir fuhren mit Spielautos auf dem Spielteppich hin und her; dabei wurde darauf geachtet, dass die „Mutter" sich auf der Ebene des Kindes bewegte, auf die Anweisungen des Kindes hörte und aus der Rolle des Spielautos heraus verbalisierte. Nachdem wir diese Vorgaben ausführlich erläutert hatten, waren Helga und Janette an der Reihe. *Das wechselseitige Rollenspiel „holperte" zunächst aufgrund der für beide ungewohnten Spielsituation, aber schließlich* gelang es beiden, die Spielteppichaufgabe zu meistern.

Hausaufgabe: Die beiden Bezugspersonen wurden gebeten, das aktive Zuhören und Reflektieren zu Hause in einer unproblematischen Situation mit dem eigenen Kind anzuwenden. Sie wurden außerdem darum gebeten, zum nächsten Treffen ein Foto des Kindes mitzubringen.

11.1.2 Zweite Sitzung

Die zweite Sitzung konnte wie geplant durchgeführt werden: Im Mittelpunkt stand die Vorbereitung auf die eigenen Spielstunden der beiden Bezugspersonen stehen, jedoch sollten zuvor noch wichtige Inhalte der letzten Sitzung angesprochen und darüber hinaus das Skill GRENZENSETZEN eingeführt werden.

Zuerst fragten wir die beiden Bezugspersonen danach, ob ihnen das Reflektieren in einer unproblematischen Situation gelungen war. Ihre Reaktionen waren an dieser Stelle nicht ganz eindeutig: Beide hatten versucht zu reflektieren, aber es gelang ihnen nicht so gut, das Gespräch in non-direktiver Weise fortzuführen, ohne in die alten Kommunikationsmuster zurückzufallen. Deshalb entschlossen wir uns, dazu eine weitere Reflexionsübung durchzuführen. Dafür nutzten wir Gesprächsmaterial, das die beiden zuvor mitgeteilt hatten.

Auf die Kinderbilder angesprochen stellte sich heraus: Nur Jeanette hatte ein Bild ihres Kindes mitgebracht und berichtete von der fröhlichen Entstehung des Fotos. Helga versprach das nächste Mal an Sonjas Foto zu denken. Jeanette sprach viel über die Zeit, als ihre Tochter noch kleiner war; beide entdeckten dann auch Gemeinsamkeiten in der Entwicklung der Kinder.

Das Skill MITSPIELEN wurde von uns nochmals in den Grundzügen gekennzeichnet und wir legten besonderen Wert auf die Feststellung, dass in jedem Fall die Führung beim Kind zu verbleiben hat. Wir gingen die unterschiedlichen Spielkategorien „Konstruktionsspiele", „Kasperletheater" und „Rollenspiele" an Beispielen durch und ließen die beiden Bezugspersonen wechselseitig die Mutter- und Kindrolle dabei durchspielen. Der allgemeine Leitsatz „Das Kind führt den Weg" wurde den Frauen durch ein entsprechendes Plakat verdeutlicht. Alle besprochenen Leitsätze wurden zu jeder Sitzung in das Blickfeld der Bezugspersonen gehängt.

Als neues Skill führten wir GRENZENSETZEN ein und diskutierten das Arbeitspapier, das auf Seite 100 zu finden ist. Wir bereiteten sie zuerst auf mögliche Situationen vor, bei denen Grenzen durch Kinder leicht überschritten werden. Dazu gehört der unproduktive Gebrauch von Spielmaterialien (wie etwas kaputt machen), das Verletzen der vorgegebenen Zeitstruktur (betrifft v. a. das Verlassen der Spielecke, wenn die Zeit um ist) sowie physische Aggressionen (wenn das Kind seine Wut über die Mutter körperlich durch Schlagen, Treten, Spucken etc. zum Ausdruck bringt). Die beiden Bezugspersonen reagierten sehr spontan auf die Beispiele, ihnen fielen viele Situationen ein, in denen ihre Kinder v. a. ihre Aggressionen ungehemmt zum Ausdruck brachten. Sie schienen allerdings ein wenig beschämt darüber, dass sie in solche Situationen aus der Haut gefahren sind und das Problem durch Körpereinsatz und das auch noch erfolglos zu lösen versucht hatten. Sie waren begierig zu erfahren, wie man damit anders umgehen kann.

Wir wiesen sie zuerst darauf hin, dass in solchen Situationen nicht die eigenen starken negativen Gefühle die Handlungen bestimmen sollten, vielmehr sollte das Problem dann ruhig, ohne eigene Emotion und in sachlichem Ton angegangen werden, auch wenn das noch so schwer fällt. Andererseits müssen die entsprechenden Kommunikationen konsequent vorgetragen und durchgesetzt werden. Das Kind sollte den Eindruck gewinnen, dass die Erwachsene wirklich meint, was sie sagt, ohne eine Ausnahme zu machen.

Die personenzentrierten methodischen Schritte, wie sie auf dem Arbeitsblatt (siehe S. 100) zu finden sind, waren den beiden leicht verständlich zu machen. Der erste Schritt ist, das Gefühl des Kindes zu reflektieren, eine Grenze verletzen zu wollen. Dann gilt es, einen deutlichen Hinweis auf die Begrenzung zu geben. Anschließend sind mögliche Alternativen anstelle des grenzverletzenden Verhaltens zu benennen. Schließlich sind die Konsequenzen, falls dies notwendig werden sollte, durchzusetzen. Waren diese Schritte auch leicht verständlich, so fiel die Umsetzung im Rollenspiel ungleich schwerer. Wir Anleiterinnen modellierten die Schritte am Beispiel des Länger-Spielen-Wollens, ließen die gleiche Situation nachspielen und griffen dann auch andere Situationen auf, die von den beiden Bezugspersonen als dringlich eingebracht worden waren.

Diese zweite Filialsitzung wurde fortgesetzt mit dem Punkt VORBEREITEN DER ERSTEN SPIELSTUNDE. Hier gab es eine Besonderheit: Helga und Jeanette hatten vor ihrer eigenen ersten Spielstunde bei Iljana Rienäcker hospitieren können, während diese mit Sonja spielte. Claudia Huth übernahm die Kameraführung und kommentierte das Geschehen hinter der Einwegscheibe. Nachteilig war, dass wir damit das Risiko eingingen, dass sich die beiden womöglich nicht in der Lage sahen, dies ebenso umsetzen zu können. Dem gegenüber stand der Vorteil, dass sie ein Modell vorerst miterleben konnten und zudem zusammen mit Claudia Huth gut oder weniger gut Gelungenes gemeinsam diskutieren konnten. Besonders beruhigend wirkte die Tatsache, dass sie sich anfangs nicht allein überlassen fühlen mussten, sondern mit Hilfe eines Einsprechgerätes Unterstützung durch uns Anleiterinnen über den Knopf im Ohr erfuhren. Während die ersten Spielstunden mit sehr vielen Zuflüsterungen verbunden waren, reduzierte sich diese Hilfe zu den letzten Spielstunden hin immer mehr.

Konkret wurde nun die erste eigene Spielstunde dadurch vorbereitet, dass sich die beiden Bezugspersonen einprägten, welche Worte sie gleich zu Beginn als Eingangsinstruktion sagen sollten (siehe dazu die Hinweise zum Skill ORIENTIEREN auf Seite 78). Diskutiert wurde sogleich die Frage, ob das zuvor besprochene Grenzensetzen gleich in die Eingangssituation eingebracht werden und dem Kind gesagt werden sollte, was hier erlaubt und verboten ist. Wir kamen überein, dass eine solche Kommunikation aus zwei Gründen nicht sinnvoll war: Einerseits kannten die Kinder das Spieltherapiesetting ja bereits, so dass ihnen im Prinzip bekannt war, welche Grenzen es im Spielzimmer gab; andererseits sollte die Eingangsinstruktionen möglichst positiv, Verbote würden sicherlich zu einer veränderten Atmosphäre führen.

Wir unterhielten uns dann mit Helga und Jeanette über ihre Fantasien, was wohl nach dieser Mitteilung zu Beginn der ersten Stunde passieren würde, und konnten ihnen Befürchtungen über unerfreuliche Verläufe nehmen, denn uns waren ja die Kinder aus Spieltherapiesituationen bekannt, und es war davon auszugehen, dass die beiden Kinder sich nicht wesentlich anders verhalten würden, wenn nun die Oma bzw. die Mutter anstelle der Therapeutin das Spielen fortsetzte.

Besonderen Wert legten wir auf die Besprechung, wie die

Spielstunde zu beenden ist, denn in dieser Situation können leicht Konflikte auftreten. Aufgrund der Besonderheit unseres Settings, der Beratungsstelle, war es nicht notwendig, das Zimmer gewissermaßen besenrein zu verlassen. So sollten die beiden Bezugspersonen nach der 5- bzw. 2-Minuten-Warnung lediglich die vom Kind verwendeten Spielsachen an den ursprünglichen Standort zurücklegen, z.B. mit den Worten: „Weil in zwei Minuten die Spielstunde vorbei ist, werde ich jetzt schon einmal aufräumen. Ich schiebe den Stuhl an den Tisch, stelle das Schaukelpferd wieder zurück ... jetzt gehe ich zur Tür, ziehe mir die Schuhe an, mache die Tür auf." Die Beendigung der Stunde sollte mit klarer, fester Stimme signalisiert und anschließend sollte der Raum umgehend ohne weitere Kommentare verlassen werden.

Zum Schluss dieser zweiten Filialsitzung führten wir noch den Protokollbogen ein (siehe Seite 67), kommentierten ihn und ließen ihn probehalber anhand eines zuvor angeschauten Therapieausschnitts ausfüllen.

Damit waren nun für die Bezugspersonen die Weichen gestellt, eine eigene Spielstunde im Spielzimmer der Beratungsstelle unmittelbar vor unserer 3. Sitzung durchzuführen.

11.1.3 Dritte Sitzung

Die dritte Sitzung wurde durch die schon übliche Frage eingeleitet: „Wie geht es Ihnen heute?" Helga hatte das Foto von Sonja dabei und kommentierte die Entstehung. Die Fotos beider Kinder lagen von nun ab bei allen Anleitungen im Blickfeld der Bezugspersonen, d.h. sie hatten ihr Kind immer vor den Augen.

Die Bezugspersonen begannen sofort damit, über ihre soeben durchgeführte erste Spielstunde zu berichten. Anke hatte in Jeanettes Stunde Kochen gespielt, aber Jeanette hatte sich in das Kochgeschehen von Anke kaum eingebunden gefühlt. Bei Helga kamen bei dem Gedanken an ihre erste Spielstunde mit der Bemerkung „ich bin total enttäuscht von mir" die Tränen. Wir gingen nicht vertieft auf dieses Gefühl ein, sondern beschäftigten uns erst einmal mit dem Spielgeschehen.

Dazu gingen wir die zwischenzeitlich ausgefüllten Protokollbögen durch und klärten, welche Informationen und Einschätzungen auf welche Art hier eingetragen werden sollten. Auf diese Weise wurde den beiden der gesamte Spannungsbogen der Spielstunde erst einmal bewusst.

Wir wählten anschließend jeweils drei Situationen aus den beiden Spielstunden aus, die unserer Ansicht nach gut gelungen waren. Wir schauten diese gemeinsam an und begründeten, warum wir ihre Reaktionen für günstig hielten – was von den angesprochenen Bezugspersonen eher mit Verblüffung aufgenommen wurde, denn sie hatten sich viel schlechter eingeschätzt. Auf dringende Bitten der beiden Bezugspersonen schauten wir uns auch Situationen an, die sie eher ratlos gemacht hatten- Wir spielten die Situation nach und diskutierten Alternativen, die wir dann durchspielten. Helgas anfängliche negative Betroffenheit wich langsam einem konstruktiven Interesse, sich an konkreten Situationen zu verbessern.

Aus der vorangegangenen zweiten Sitzung griffen wir das Skill GRENZENSETZEN nochmals auf, um die entsprechende Kompetenz zu festigen. Wir fragten an dieser Stelle gezielt nach häuslichen Grenzsetzungssituationen, mit denen so schwer für sie zurechtzukommen war. Auf diese Weise legten wir Wert auf das Finden von Alternativen, so dass das Kind sich immer klar für etwas entscheiden muss und damit verantwortlich handeln lernt. Danach ließen wir die beiden Bezugspersonen eine Spielsituation durchspielen, in der sie eine Grenze durchsetzen mussten.

Auch das Skill MITSPIELEN rekapitulierten wir für zehn Minuten und ließen es anhand eines Rollenspiels demonstrieren. Eine von uns Anleiterinnen führte in der Kinderrolle ein Spiel mit kleinen Dinosauriern im Sand durch. In dieser Rollenspielsituation stellten wir uns die Aufgabe, die Bezugsperson zum Mitspielen einzuladen bzw. umgekehrt aus der Sicht des Erwachsenen, sich als Spielpartner anzubieten. Dieses Spielsetting war dann von den beiden nacheinander ebenso mit einem von uns in der Spielkindrolle durchzuführen. Wie sich zeigte, hatte sich das Skill MITSPIELEN bereits gefestigt, beide konnten dem von uns gespielten Kind folgen, ohne Anweisungen zu geben oder eigene Ideen einzubringen.

Diese dritte Sitzung endete damit, dass Helga über ihre eigenen Belastungen, depressiven Verstimmungen und Grenzen kommunizierte. Da wir uns nicht als Therapiegruppe verstanden, vertagten wir ihre Themen auf die nächste Sitzung. Für die folgenden Sitzungen nahmen wir uns vor, Helga in der Abschlussrunde zuerst zu Wort kommen zu lassen, um Jeanette noch mental in der Runde zu behalten und um Helga in ihren Äußerungen zu begrenzen.

Vor jeder weiteren Gruppensitzung fanden jeweils die Spielstunden mit den Kindern statt. Damit wurde das Besprechen der Spielstunden zum festen Bestandteil der folgenden Sitzungen.

11.1.4 Vierte Sitzung

Diese vierte Filialsitzung startete mit der üblichen Begrüßungsrunde, während der Helgas Bemerkungen vom letzten Mal aufgegriffen wurden. Ihr Zustand hatte sich so weit stabilisiert, dass wir uns auf die Besprechung ihrer Spielstunde konzentrieren konnten. Dabei stelle sich wieder heraus, dass Helga ihre eigenen Spielstunden wesentlich kritischer als wir anderen dies taten. Um ihr unsere Einschätzung nahe zu bringen, verglichen wir Einschätzungen ihrer ersten und zweiten Stunde und unterstrichen, was ihr gut gelungen war. Die Nachbesprechung von Jeanettes Spielstunde verlief entsprechend, indem wir danach fragten: Wie lief es? Wie ging es ihr? Was lief besser?

Wir gaben den beiden Bezugspersonen Skalen an die Hand, mit deren Hilfe sie ihre Äußerungen in der Spielsitzung einschätzen sollten, die an Videosequenzen sichtbar wurden. Wir arrangierten die Situation in der Weise, dass zunächst jede für sich die Bewertungen vornahm und notierte, die anschließend verglichen wurden. Erst diese skalenmäßige Einschätzung objektivierte ihre Wahrnehmung und überzeugte sie davon, dass ihr Verhalten nicht so einzuschätzen war, wie sie zuvor gedacht hatten.

Außerdem besprachen wir Situationen aus den Spielstunden, die den Beiden Probleme gemacht hatten. So hatte Helga

Probleme mit aggressiven Spielsituationen. Im Rollenspiel mit Iljana war Helga das Kind, das der Schlagepuppe einen Schlag auf die Nase gab. Helga entdeckte dabei die Freude und die Energie, die in einem solchen Spiel zum Ausdruck kam. Durch Iljanas Reaktionen erfuhr sie auch, wie man darauf reagieren konnte, ohne eine unnötige Grenze zu setzen (z. B. „Du hast ihm kräftig was auf die Nase gegeben"). Außerdem konnte sich Helga nun auch besser in das Kind einfühlen, das durch sein aggressives Spiel nachvollziehbare Gefühle zum Ausdruck brachte. Helga reagierte erleichtert nach der mehrmaligen Durchführung dieser Sequenz, bei der sie dann auch die Erwachsenenrolle übernommen hatte.

Als übenden, aktiven Teil dieser vierten Sitzung brachten wir das Skill ein WAHLEN ERMÖGLICHEN ein. Dieses Skill stand bereits im Kontext des Grenzensetzens, aber wir hatten die Absicht, dieses Skill so weit zu festigen, dass es auch im Alltag angewendet werden konnte. Wir besprachen einige problematische Alltagssituationen, in denen das Anbieten von Alternativen sinnvoll sein könnte.

Nach dieser vierten Gruppensitzung fand die dritte eigene Spielstunde in unseren Räumen der Beratungsstelle statt.

11.1.5. Fünfte Sitzung

Die fünfte Sitzung mit Helga und Jeanette gestaltete sich sehr spannend, weshalb über sie ausführlicher berichtet werden soll.

Zunächst begann auch diese Sitzung mit der schon üblichen Befindlichkeitsrunde. Anschließend wurde die dritte Spielstunde nach bekanntem Muster besprochen-

Die Befindlichkeitsrunde brachte einige aktuelle Probleme der beiden Bezugspersonen zutage: Helga sagte, dass sie „im Moment nicht gut drauf ist", dass es mit der anderen Oma momentan Spannungen gab und dass das Kind in der Schule Probleme mit der Schwimmlehrerin hatte. Ihre Selbsteinschätzung der vierten Spielstunde fiel entsprechend auch nicht besonders positiv aus, weil das Kind „mäkelig" war und mit dem Puppenwagen eine Grenzverletzung provozierte. Dass Sonja sich in den (zu kleinen) Puppenwagen hineinsetzen wollte, empfand Helga als eine Grenzsituation, mit der sie nicht gut umgehen konnte.

Jeanette erzählte, dass sie von Ankes „allabendlichen Pullergängen genervt ist", die sechs bis sieben Mal stattfanden. Zudem hätte sie eine neue Arbeit gefunden, was neue Absprachen mit ihren Eltern, also Ankes Großeltern, notwendig machen wird. Außerdem habe es Streit mit Ankes Vater, ihrem ehemaligen Partner, wegen der Besuche gegeben – was Anke mitbekommen habe. Während der Spielstunde hätte Anke beim Postspiel mit eigener, unverständlicher Sprache gesprochen, wie sie es auch oft zu Hause mit ihrer Puppe tut.

Wir gingen dann intensiver auf Helgas traurige Stimmung ein und reflektierten ihr Gefühl: „Im Moment geht`s Dir nicht besonders gut." Wir wussten, dass wir es dabei nicht belassen durften. Uns war bewusst, dass es für jemanden, der sehr traurig ist, nicht ausreicht, ausschließlich die Depression zu reflektieren, sondern ein wenig Licht in die Situation zu bringen und z. B. positive Intentionen zu reflektieren: „Du hättest es gerne, dass es ganz anders wäre." Langes Schweigen würde Helga zusätzlich belasten, deshalb blieben wir mit ihr in Kontakt, um sie nicht „hängen zu lassen", und gaben dem Gespräch dann eine andere Wendung. Wir klärten Helga darüber auf, dass es bei ihr wie bei anderen Frauen vielleicht ein Problem damit gibt, sich Erfolge einzugestehen. Normalerweise trägt jeder Mensch in sich eine Hoffnung auf Erfolg, wenn man sich etwas vorgenommen hat. Es gibt aber auch die Gegenrichtung, die manchmal bei Frauen vorkommt, nämlich Furcht vor Erfolg. Das Selbstgespräch solcher Frauen könnte dann so lauten: „Ich darf keinen Erfolg haben. Ich ertappe mich dabei, keinen Erfolg zu haben." Dann muss man etwas für sich selbst tun, sich den Erfolg eingestehen, um aus den eigenen Erfolgen etwas zu lernen. Wir schauten uns dann Videoausschnitte aus Helgas Spielstunde an und schätzten diese erst getrennt, dann gemeinsam ein. Helga lernte, dass sie sich „richtig" verhalten und dass Sonja positiv auf ihre Ansprachen reagiert hatte. Helga kam daraufhin in die Situation, vor sich und vor uns drei Anderen ihren Erfolg einzugestehen, was ihr erst einmal nicht so leicht fiel, wie sich an ihren Tränen zeigte.

Wir diskutierten anschließend weitere Videoausschnitte aus beiden Stunden und griffen wieder das Puppenwagenproblem auf. Sonja hatte ja versucht, sich in den Puppenkinderwagen hinein zu setzen, der für Kinder nun einmal nicht gedacht war. Wir besprachen eine mögliche Alternative, nämlich für die nächste Spielsitzung einen anderen Wagen bereit zu stellen, der in der Beratungsstelle in Form eines Rollstuhls vorhanden war. Helga sollte diese Neuerung mit folgenden Worten einführen: „Heute habe ich dir etwas Besonderes mitgebracht: Weil du das letzte Mal gern im Puppenwagen sitzen wolltest und der aber nur für die Puppen da ist, ist jetzt hier ein Wagen, in den Kinder sich hineinsetzen können." Allerdings zeigte sich dann auch, dass Helga sich etwas unwohl fühlte, als kranke Person im Rollstuhl umher geschoben zu werden, was uns wiederum veranlasste, ihrem Gefühl auf den Grund zu gehen.

Wir setzten die Besprechung der Spielstunden fort und ließen sie die Skalen benutzen, mit deren Hilfe sie Einschätzungen vornehmen konnten, zuerst jede für sich. Anschließend wurden die Einschätzungsergebnisse miteinander verglichen, Diskrepanzen wurden ausdiskutiert. Die Besprechung der Spielstunde nahm etwa 30 Minuten in Anspruch. Dabei fragten wir gezielt danach,
- welche Grenzen gesetzt wurden,
- welche Passagen gut liefen,
- welche Schwerpunkte in den Reflexionen in der nächsten Stunde gesetzt werden sollen.

Wir betonten nochmals die Relevanz des Verhaltensmerkmals der Konsistenz, denn Eltern vergessen häufig, dass Konsistenz und Vorhersagbarkeit im Leben der Kinder häufig zu kurz kommen. Kinder müssen sich darauf verlassen können, was ihnen gesagt und versprochen wird, sollen sie ihre Bezugspersonen nicht als unzuverlässig einschätzen. Zur Veranschaulichung führten wir ein Schaubild ein mit diesen Komponenten ein:

→ elterliche Konsistenz → Vorhersagbarkeit → Sicherheit
→ Kind fühlt sich sicher.

Anschließend vertieften wir die Vermittlung des Skills WAHLENTSCHEIDUNGEN. Dabei betonten wir das intendierte Ziel, Kinder stark dafür zu machen, eigene Entscheidungen zu treffen. Als Nebeneffekt stellt sich zudem in brisanten Alltagssituationen eine gewisse Entstressung auf Seiten der Erwachsenen ein. Der Hauptgrund jedoch ist, dass Kinder Kontrolle über sie betreffende Umstände erringen bzw. behalten und Verantwortung (für) ihre Entscheidungen übernehmen lernen sollen. Als Schaubild reichten wir dieses Bild zum Thema Wahlentreffen ein:

- Kinder behalten die Kontrolle über die äußeren Umstände → fühlen sich einflussreicher →in dieser Eigenkontrollsituation lernen sie, ihr Verhalten besser zu regulieren.
- Wahlen ermöglichen auch, dass Kinder auf ihre inneren Ressourcen zurückgreifen können (sind also nicht auf ihre Eltern als externe Ressource angewiesen).

Wir diskutierten konkrete Wahlentscheidungsmodalitäten:
- Sie sollten altersangemessen sein: für große Kinder große Wahlen; für kleine Kinder kleine Wahlen. Der Hinweis wurde eingestreut, dass man die Wahlen des Kindes nicht manipulieren sollte, indem man Alternativen anbietet, die das Kind eigentlich nicht mag.
- Sie sollten problembezogen sein, um möglichen Problemen entgegenzuwirken, die bisher immer wieder aufgetreten sind; dazu ist vorausschauend zu planen, z.B. Anziehsachen bereits am Abend zuvor wählen lassen, damit es nicht am nächsten Morgen zu einer Stresssituation kommt.

Die folgenden Umsetzungstipps gaben wir den beiden mit auf den Weg:
- Durchsetzen der Konsequenz: ohne schwach zu werden und ohne Ärger zu zeigen.
- Konsequenzen situativ einsetzen: denn es gibt immer eine Chance für einen neuen Start (Kinder haben aus ihren vorherigen Entscheidungen und den daraus resultierenden Konsequenzen gelernt).
- Die Wahl des Kindes mit Empathie reflektieren.
- Wahl des Kindes mit einer matter-of-fact-voice.

Als Beispiel für eine Wahlentscheidung griffen wir zuerst Ankes Problem auf. Jeanette könnte Anke am Abend vor die Wahl stellen: ˋAnke, möchtest du zuerst auf die Toilette oder möchtest du, dass ich zuerst gehe?" Ein weiteres Beispiel betraf Sonjas Problem mit dem Schwimmunterricht. ˋSonja, du kannst dir aussuchen: Entweder machst beim Schwimmen mit und dann bekommst du auch das Seepferdchen und die Schwimmbrille, oder du machst nicht richtig mit und bekommst weder das Seepferdchen noch die Schwimmbrille; wofür willst du dich entscheiden?"

Als Hausaufgabe gaben wir auf: Geben Sie Ihrem Kind im Alltag, also außerhalb der Spielstunde, die Möglichkeit zu einer Wahlentscheidung (ˋAA oder ˋBA),

Schaffen Sie die Situation einer Wahlentscheidung für den einfachen Zweck, ihrem Kind das Gefühl von Einfluss zu geben (zwei positive Wahlentscheidungen für ihr Kind, die beide sowohl für Sie als auch beide für das Kind akzeptabel sind).

Auf einem Bogen sollten dann die Vorkommnisse protokolliert werden, der diese Fragen einschloss:

In welcher Situation haben Sie Alternativen angeboten?
_____

Welche Alternativen haben Sie angeboten?
_____

Wie hat das Kind reagiert, was wurde gewählt?
_____

11.1.6 Sechste Sitzung

Unsere Ziele für die sechste Sitzung waren, die Wahlentscheidungs-Hausaufgabe durchzugehen, die Spielstunden zu besprechen und dabei die Skills GRENZENSETZEN und MITSPIELEN zu vertiefen und Rollenspiele für das Thema WAHLENGEBEN durchzuführen.

Die anfängliche Befindlichkeitsrunde begann mit Jeanettes Bericht: Sie hatte Ärger mit ihren Eltern und ihrem ehemaligen Partner, Ankes Vater. Sie war beim Jugendamt vorstellig geworden, weil Unterhaltszahlungen ausgeblieben waren. Helga wiederum ging es in dieser Sitzung zwar nicht besonders gut, aber ihre Beschwerden hielten sich dieses Mal in Grenzen.

Hinsichtlich der Hausaufgabe berichteten beide, dass sie zu schwer war; sie hatten die Bögen nicht verwenden können. Aber wie nebenbei erzählte Jeanette einen Vorfall mit Anke und ihren Freundinnen auf dem Spielplatz: Die Kinder wollten „Herr Fischer, Herr Fischer" unter Einbezug der Mütter spielen, aber die Mütter, die auf der Bank saßen, wollten sich unterhalten. Anke bot in dieser Situation eine Wahlalternative an: „Wir spielen dreimal das Spiel mit euch, und danach geht ihr auf die Burg und wir dürfen wir uns unterhalten." Die Kinder ließen sich freudig auf den Handel ein und hielten sich an die Absprache.

Eine andere Situation ereignete sich auf dem Heimweg, als es regnete und Anke den angebotenen Regenschirm als „uncool" ablehnte. Jeanette stellte sie vor die Wahl: „Entweder du nimmst den Regenschirm oder du wirst nass und könntest krank werden." Anke daraufhin: „Nö, krank will ich auch nicht werden, gib' schon her."

Helga berichtete von einer anderen Situation, die eine Autofahrt zur anderen Oma betraf. Sonja wollte sich nicht anschnallen. Helga: „Entweder du schnallst dich jetzt an und wir können zur Omi fahren, oder du schnallst Dich nicht an und wir bleiben hier. Wie möchtest du dich entscheiden?" Sonja entschied sich für das Anschnallen, ohne dazu – wie sonst – gezwungen zu werden.

Danach besprachen wir Situationen aus den vorangegangenen Spielsitzungen: Es ging z.B. um den Spielsand, der im Sandkasten verbleiben soll. Hier waren die Alternativen: entweder den Sand aus dem Sandkasten im Spielzimmer verteilen und damit das Spielstundenende herbeiführen oder mit dem Sand im Sandkasten oder auf der Holzplatte spielen und die Spielstunde fortsetzen. Es ging auch um das Erschießen von Menschen: entweder durch das Schießen auf Helga das Stundenende herbeiführen, oder eine Puppe bzw. Schlagepuppe zum Schlagen nehmen und weiterspielen.

Wir erörterten weitere Probleme, denen Helga während der Spielstunde begegnet war, die bemerkte: „Ich habe sowieso mit dieser Etage (Gewaltecke) meine eigenen Probleme." Weitere kleinere Probleme betrafen das Haare Abschneiden oder anmalen von Puppen und das Bemalen der Wände.

Bei Jeanette hatten sich ähnliche Probleme eingestellt: Sie hatte in Grenzsituationen vergessen, Anke Alternativen anzubieten und das Kind wählen zu lassen. Außerdem wollte Anke das Spielzimmer nicht verlassen. Es gab ein großes Abschiedsdrama, das mithilfe der Videoaufzeichnung durchgesprochen wurde. Der Hintergrund war: Anke genoss diese Zeit mit ihrer Mama so sehr, denn die Mama hat hier ganz viel Zeit für sie ganz allein, was in der schwierigen häuslichen Situation nur selten der Fall ist. Wir rieten Jeanette zu einem eher spielerischen Abgang, etwa mit den Worten: „Tschüss Spielzimmer! Winke-winke. (=Abschiedssprache des Kindes), und nächste Woche sind wir wieder da." Weiterhin rieten wir Jeanette, Anke zu sagen: „Wenn du das möchtest, dann spielen wir so ähnlich auch einmal Zuhause." Ein weiteres Problem ergab sich für sie, dass es für sie schwierig war, mit den immer wieder ähnlich ablaufenden Spielverläufen zurechtzukommen.

11.1.7 Siebte bis zehnte Filialsitzung

Die Sitzungen 7., 8. und 9. liefen nach dem nun schon gewohnten Muster ab: Befindlichkeitsrunde, Feedback zu den durchgeführten Spielstunden, Wiederholung der erlernten Skills und Besprechen aktueller Spielprobleme. Die Spielstunden bekamen jeweils Fremd- und Selbstbewertungen anhand von ausgesuchten Videosequenzen. Die Protokollbögen wurden im Ganzen angeschaut und diskutiert. In der 8. und 9. Sitzung kam als neuer Punkt GENERALISIERUNG hinzu.

In der 7. Sitzung kam als neuer Aspekt hinzu, danach zu fragen: „Was könnte mir mein Kind mit seinem Spiel bzw. seiner Malerei mitteilen wollen?" Wir vermieden es dabei, tiefere Deutungen einzubringen und die Aufdeckung von Spielthemen im engeren therapeutischen Sinne einzugehen. Es ging vielmehr um die Interpretation durch die Bezugspersonen selbst. Die Metapher „Druck und Zug" wurde mit einem Bild verdeutlicht und deren Konsequenzen den Bezugspersonen vor die Augen geführt.

In der 7. Sitzung fügten wir aufgrund der starken Drucksituation zwischen Oma Helga und Enkelin Sonja bezüglich des Schwimmtrainings eine Metapher ein. Wir hatten den Spruch „Druck erzeugt Gegendruck und Zug erzeugt Gegenzug" groß auf ein Blatt geschrieben und während der Filialsitzung aufgehängt. Darüber hinaus präsentierten wir die dazu gehörenden Eselbilder, erörterten und besprachen sie, um aufzuzeigen, wie sinnlos es manchmal ist, seinen eigenen Plan durchzusetzen. Um dies erlebbarer zu machen, führten wir dazu ein kleines Spiel durch, bei dem wir als Anleiterinnen jeweils eine unserer beiden Frauen zogen oder schoben. Im Anschluss daran erzählten wir von unseren Wahrnehmungen, unseren Gefühlen und Gedanken und übertrugen es gedanklich auf Situationen mit den Kindern.

In der 8. Sitzung wurde zum Thema Generalisierung gefragt, welchen Ärger es in der letzten Woche mit dem Kind gegeben habe. Jeanette führte das Thema Zubettgehen an, wobei Ursachen und Kommunikationslösungen gemeinsam erarbeitet wurden. Die beiden Frauen berichteten davon, dass sie spontan mit ihren Kindern im Alltag so ähnlich wie während der Spielstunden umgehen, ohne dazu aufgefordert worden zu sein. Manche Konfliktsituationen, die früher zu endlosen Streitereien geführt hatten, lösten sich neuerdings in Wohlgefallen für beide Seiten auf.

Zunehmend wurden die beiden dazu angehalten, die gelernten Fähigkeiten im Alltag anzuwenden. Insbesondere das

Skill WAHLENTSCHEIDUNGEN wurde weiter vertieft. Folgende Ziele wurden nochmals mit einer Schautafel vermittelt:
- Kinder stärken, Entscheidungen zu treffen
- Energie aus brisanten Situationen in konstruktive Bahnen leiten
- Kindern das Gefühl geben, Kontrolle über die sie betreffenden äußeren Umstände zu haben
- Kindern stets dabei zu helfen, die richtigen Entscheidungen für sich zu treffen, aber sich daran dann auch zu halten, womit das Durchsetzen der selbstgewählten Konsequenz gemeint ist.

Das Besprechen von Generalisierungsfragen wurde langsam eingefädelt, zuerst über eine Zeitdauer von fünfzehn Minuten, eingeleitet durch die Bemerkung, dass wir uns nur noch wenige Male treffen werden und deshalb über die Zeit danach sprechen müssten, welche Anschlussstrategien angewendet werden können. Insbesondere Helga äußerte Bedenken bezüglich des baldigen Endes der Filialtherapie. Die Zweifel an ihren eigenen Fähigkeiten wollten einfach nicht verstummen. Hier in dieser Gruppe fühlte sie sich angenommen und erfuhr sich und ihre Enkelin in einem gänzlich neuen Rahmen. Es war ihr mittlerweile möglich, viele Spielzimmerfertigkeiten im Alltag anzuwenden und erfuhr dadurch eine enorme Entspannung der sonst sehr negativ aufgeladenen Situationen. Mit Freude gab sie ihre Erfahrungen an ihre Tochter weiter, die ihrerseits ebenso froh über dieses Angebot war.

In einer abschließenden Sitzung überreichten wir unseren beiden Damen einen „Vertrag", der zwischen der Oma Helga und der Enkelin Sonja und der Mutter Jeanette und der Tochter Anke geschlossen werden sollte. Das Bild, das zu Beginn der Sitzungen mitgebracht wurde, bekam nun seinen Platz im „Spielvertrag". Hier sollten sie sich an einem ganz bestimmten Ort auf eine bestimmte Zeit in der Woche für diese ganz besondere Spielzeit verabreden. Der Vertrag konnte an die aktuellen Bedürfnisse angepasst werden, sollte aber für alle sichtbar aufgehängt an die Vereinbarung erinnern. Dabei sollte der Ort so gewählt werden, dass die erlernten Skills auch umgesetzt werden können, also nicht auf einem Spielplatz mit vielen anderen spielenden Kindern.

11.1.8 Abschließende Kommentare

Viele Kommentare ließen sich nach Abschluss dieser Filialtherapie anfügen, etwa hinsichtlich der automatisch auftretenden Frage jeder Bezugsperson „War ich besser oder schlechter als sie?" Es galt, solche womöglich aufkommenden Vergleiche zu verhindern und alles daran zu tun, sich mit der eigenen Spielstunde in ihren Höhen und Tiefen auseinanderzusetzen, und die Stunde der anderen Teilnehmerin empathisch wahrzunehmen. Uns wurde klar, dass jegliche Kritik zu unterbinden war, weil diese insbesondere für Helga katastrophale Wirkungen nach sich gezogen hätte.

Menschen haben unterschiedliche Verbalkompetenzen, und dieser Umstand ist für jedes Gruppensetting zu berücksichtigen. Auch hier kam es zu unterschiedlicher Redebeteiligung der beiden teilnehmenden Frauen. In solchen Situationen war es wichtig, ein Gleichgewicht der Sprechfrequenzen herzustellen, denn eine nur rezipierende und nicht aktiv beteiligte Person steigt mental aus dem Gespräch aus. Wir glichen dies z. B. dadurch aus, dass wir nach kurzer Zeit den Redestrom unterbrachen und die andere Teilnehmerin um ihre Reaktion baten. Für die Filialtherapeutin kann es mitunter schwer werden, bei einer rededominanten Teilnehmerin die Führung des Gesprächs nicht aus dem Auge zu verlieren.

Durch die vielen Gespräche und Rollenspiele kam es vor, dass bestimmten Gefühlen und persönlichen Themen Raum gegeben wurde. Wenn solche Schleusen geöffnet werden, ist das ein gutes Zeichen dafür, dass sich die Teilnehmerinnen frei fühlen, sich sehr persönlich zu äußern. Andererseits unterliegt die Filialtherapeutin einem ziemlich engen Zeitplankorsett, so dass sie mit sanften Mitteln auf das anstehende Gruppenthema zurück steuern muss. Ein vertieftes Eingehen auf persönliche Themen würde zudem den Filialtherapierahmen sprengen. Verständnisvolle Äußerungen wie: „Ja, ich habe verstanden, dass das oft schwierig ist, aber wir kommen später darauf zurück" oder ähnliche ermöglichen es, das Problemverständnis zu kommunizieren und trotzdem den Fokus auf das Thema der Sitzung zurück zu lenken.

Sowohl bei Übungen zum Reflektieren als auch bei Trainings-Rollenspielen hat es sich bewährt, der verunsicherten Teilnehmerin zuzuflüstern, was sie sagen könnte, wenn sie nicht weiter weiß. So lässt man sie nicht „allein im Regen stehen" und unterstützt sie, ohne ihr ganz die zugewiesene Aufgabe abzunehmen. Die Lösung vieler Aufgaben war am Anfang für die beiden Teilnehmerinnen mit großer Überwindung verbunden sind. Scham und Unsicherheit, etwas vor anderen Personen von sich zu zeigen, erschwerten die Aufgabenbewältigung. Erleichternd wirkte, ein Skript für die Aufgabe parat zu haben, aus welchem der mögliche Ablaug hervorging. Die Skriptvorgabe sollte eindeutig sein, was und womit gespielt werden soll und wie ein gutes Ende kreiert wird. Weiterhin war das Modellieren durch uns LeiterInnen für die beiden Frauen deutlich erleichternd, so konnten sie nicht das Gefühl bekommen, „ins offene Messer zu laufen".

Am Ende jeder Sitzung war ein Rückblick platziert: Hier konnte Positives noch mal bewusst in den Mittelpunkt gestellt werden. Die Teilnehmerinnen sollten das Gefühl vermittelt bekommen: „Das kann ich jetzt auch!" Dies war insbesondere für Helga bedeutsam. Sie hatte häufig ein zu hohes Anspruchsniveau an sich gestellt. Verbales Lob und aufmunternder Zuspruch wie „ja, genau", „gut so, weiter" halfen ihr, zur konkreten Handlungsebene zurück zu finden. Dabei gilt es, nicht im Tempo vorauszueilen und Tipps zu kommunizieren, sondern sie eher zu begleiten.

Hinsichtlich einer voreiligen Übertragung der erlernten Skills auf den Alltag war Vorsicht geboten: Während der ersten Hälfte der Filialtherapie sollte die Anwendung ausschließlich auf das Spielzimmer begrenzt erfolgen, sonst würde man der Gefahr erliegen, sich in endlosen Debatten über die täglich auftretenden Erziehungsprobleme zu verlieren.

Das Skill „Grenzensetzen" scheint ein zentrales Thema jeder Filialtherapie zu sein. In unseren Sitzungen hat sich bewährt, zunächst ausschließlich Beispiele aus den Spielstunden heranzuziehen, wenn das Kind etwa mitnehmen, länger da bleiben, auf den Flur gehen oder das Spielmaterial unangemessen (z. B. die Stoffhandpuppen nicht mit dem Kopf in den Sand stecken) nutzen oder zerstören, Sand umherwerfen oder sich selbst verletzen möchte.

Für viele Menschen, so auch für Helga und Jeanette, ist das Spiel mit Pistole und das Schießen mit Spielzeuggewehren eine sehr unangenehme Szenerie. Oft gibt es aber auch unabhängig von den Gefühlen der Erwachsenen auch eine Gratwanderung zwischen Tolerieren und Nicht-Tolerieren. Was man im Einzelfall zulassen möchte, hängt letztlich von der eigenen Einstellung ab. Wenn man solche, auf die eigene Person gerichteten Aggressionsspiele nicht zulässt, wird dem Kind die Möglichkeit des spielerischen Ausdrucks genommen; schlimmstenfalls kann dann die Realität draußen zur „Spielebene" werden. Solche Aktivitäten gefahrlos unter Aufsicht ausüben zu können, wird für manche Kinder, die den Unterschied zwischen der spielerischen Fantasieebene und der intoleraten, nichts verzeihenden Realität nicht verstanden haben, geradezu präventiv wirken können. Allerdings herrscht in der Fachwelt in dieser Frage keine Einigkeit; so lässt etwas Garry Landreth (2004) keine spielerischen Angriffe auf die eigene Person zu.

Festhalten ließ sich nach Abschluss dieser Filialtherapie, dass die beiden beteiligten Frauen Jeanette und Helga einerseits für sich selbst großen Gewinn aus den Anleitungen gezogen haben, dass sich andererseits aber auch die häusliche Atmosphäre mit den Kindern – wie spätere Nachfragen ergeben haben – deutlich entspannt hatte.

Kapitel 12
Rückblick und Ausblick

Mit dieser Buchveröffentlichung habe ich den Versuch unternommen, die Filialtherapie einem breiteren Publikum vertraut und schmackhaft zu machen. Der Anlass für das Schreiben dieses Buches war es also, ein weiterhin ziemlich unbekannt gebliebenes, aber hoch effektives Verfahren ausführlich vorzustellen, so dass sich mehr personenzentrierte Therapeuten zur Anwendung ermutigt fühlen. Die Filialtherapie stellt im deutschsprachigen Bereich leider noch immer ein innovatives Verfahren dar, obwohl sie eine nunmehr fast fünfzigjährige Vorgeschichte aufweisen kann. Bereits 1974 hatte die Filialtherapie durch unsere Veröffentlichung „Die nicht-direktive Spieltherapie" (Goetze & Jaede, 1974, S. 169) eine in der Folgezeit kaum beachtete Erwähnung für das deutschsprachige Fachpublikum gefunden, gefolgt von ausführlicheren Darstellungen drei Jahrzehnte später (Goetze, 2002). Es ist es mir nach wie vor ein Rätsel geblieben, warum eine so effektive therapeutische Intervention hierzulande so unbekannt geblieben ist, obwohl sie in den USA seit mehr als fünfzig Jahren verbreitet ist, in westeuropäischen Ländern wie Groß Britannien seit langem Fuß gefasst hat.

Man fragt sich also unwillkürlich: Wie kann man sich erklären, dass die Filialtherapie hierzulande so unbekannt geblieben ist? Eine mögliche Antwort könnte mit einem neuen gesellschaftlichen Zeitgeist zusammenhängen, der durch Stichworte wie Konkurrenzdruck, Sozialneid, persönliche Durchsetzung etc. gekennzeichnet werden kann. Die der Filialtherapie zugrunde liegende Philosophie stellt sich diesem Zeitgeist mit den ihr zur Gebote stehenden Mitteln entgegen. Sie hat ihre Wurzeln in der Humanistischen Psychologie, v.a. in der Personenzentrierten Psychologie von Carl Rogers mit dem zentralen Postulat der Selbstaktualisierungstendenz, mit der jüngere Psychologieabsolventen nur noch wenig anzufangen wissen. In der universitären Lehre verkommt dieser zutiefst menschenbezogene philosophische Ansatz zur Devise wie: „Sei nett zum Klienten, sonst macht er nicht bei den Ratschlägen, Trainings und Übungen mit, die du dir für ihn ausgedacht hast." In diesem Sinn hat auch mein Kollege Klaus Heinerth gegen die „Versickerung" des personenzentrierten Ansatzes Stellung genommen: „Alle Psychotherapieverfahren benutzen heute die Essentials des personzentrierten Konzeptes: Beziehung, Empathie und Wertschätzung. Diese Konzepte werden aus dem Zusammenhang gerissen und im Prinzip missverstanden, zumal die Selbstaktualisierungstendenz gewöhnlich übergangen wird" (pers. Kommunikation vom 24.5.11).

Der zeitgeschichtliche Pendelschlag der Klinischen Psychologie führte zu einem Menschenbild, das einem kausalen naturwissenschaftlichen Denken verpflichtet ist; Neurowissenschaften wie Hirnforschung und neue Technologien beherrschen das Feld. Die Erkenntnisse der Humanistischen Psychologie sind darin nicht wiederzufinden und wollen sich da auch nicht recht einordnen lassen. Fast will es mir scheinen, als müssten wir noch ein Stück weiter durch ein dunkles Tal von Unwissenheit und Ignoranz gehen, bevor wir auf Bewährtes zurückgreifen, was humanistische Psychologen der siebziger Jahres des 20. Jahrhunderts so kreativ hervorgebracht haben. Wenn man jüngeren Kollegen heute darüber berichtet, mit welcher Offenheit seinerzeit gedacht wurde, stößt man auf Unglauben und Skepsis, gepaart mit einer gewissen Neugier. Vor vierzig Jahren gab es auf gesellschaftlicher und sozialwissenschaftlicher Ebene eine nie wieder erreichte Experimentierfreudigkeit, die zu vielen, mitunter auch unberechtigten Hoffnungen auf Veränderung Anlass gab. Da waren Blütenträume eines *New Age*, die menschlichen Potenziale ohne Kompromisse zur höchsten Entfaltung zu bringen. Wege dahin waren Encountergruppen, Sensitivity Trainings, Themenzentrierte Interaktion, Erhart-Training etc., Begrifflichkeiten und Ansätze, mit denen heute kaum noch jemand aus der nachgewachsenen Psychologen- und Heilpädagogengeneration etwas anzufangen weiß. Es bleibt der wissenschaftshistorischen Analyse überlassen herauszufinden, wie es zu einer Abwendung von der *Human- Potential-Bewegung* gekommen ist; sicherlich haben Extremvarianten und hedonistische Auswüchse bis hin zur Propagierung von Drogen ihre verheerende Wirkung entfaltet. Wahrscheinlicher ist jedoch, dass ein Momentum erreicht war, das das Pendel wie bei einer Standuhr in die entgegengesetzte Richtung ausschlagen ließ – was sich übrigens häufiger in der Geschichte der Psychologie nachweisen lässt. Dieser andere Zeitgeist bringt nun andere Werte hervor, die sich an elektronischen Medien, am Internet, an einer unverbundenen Informationsfülle orientieren, denen die Mitte, die Person mit ihren unverwechselbaren Potenzialen, mehr und mehr verloren zu gehen scheint. Diesem neuen Zeitgeist folgend präsentieren sich im klinisch-psychologischen Arbeitsfeld Verhaltenstherapie und Neuropsychologie als Königswege. Ihre Dominanz wird gegenwärtig auf sämtlichen Ebenen der therapeutischen Praxis, Ausbildung und Forschung deutlich. Lehrstühle an Universitäten werden mit Fachleuten besetzt, welche die Humanistische Psychologie nicht zu ihrem zentralen Interessengegenstand zählen. Auf der Ebene der Forschungsförderung richtet sich die scharfe Waffe der Vergabe ökonomischer Ressourcen auf diese anderen Bereiche und damit gegen Forschungsinhalte der Humanistischen Psychologie und folglich auch der Filialtherapie. So hat mein Vorhaben *Filialtherapie* von der Deutschen Forschungsgemeinschaft (unter dem Az. GO 485/7-1) eine Ablehnung mit der Begründung erfahren, dass in der Literatur bisher keine Effektstärken von Filialtherapien berichtet worden seien – was übrigens ein Licht auf die Unkenntnis der Gutachter wirft (siehe Kapitel 11) –; weiterhin: weil die geringe statistische Power aufgrund geringer Stichprobengrößen aussagekräftige Ergebnisse nicht zuließe – man erwartet anscheinend filialtherapeutische Kontrollgruppenversuche mit 100 vergleichbaren Müttern –, weiterhin: weil keinerlei Spezifika der Filialtherapie untersucht würden – ein ‚Totschlagsargument' gegen die Förderung innovativer Verfahren, bei denen bescheidene erste Schritte in Richtung auf Effektivitätserkundung gegangen sein wollen. Zum Vergleich: In einer aktuellen Studie zur Filialtherapie von Dillman Taylor et al. (2011), die im renommierten, von der APA anerkannten *International Journal of Play Therapy* erschienen ist, sind drei Mütter untersucht worden (während übrigens die Zahl der Autoren dieses Zeitschriftenbeitrags fünf betrug; ein für deutsche Verhältnisse sicher nicht förderungsfähiges Vorhaben). Mein weiterer Antrag auf Förderung des Vorhabens unter dem Titel „Entwicklung und Erprobung eines spieltherapeutisch orientierten Tutorenprogramms für Förderschüler" – es handelte sich um einen filialtherapeutischen Versuch mit Förderschülern – ist von der DFG ebenfalls negativ beschieden worden, die Begründung war dieses Mal eine andere: Das Projekt fiele nicht in den Aufgabenbereich der DFG, denn „eine potentiell erkenntnisgenerierende Forschungsfrage, die eine Erweiterung des theoretischen Wissensbestands der Sonderpädagogik erwarten lässt, ist damit nicht gestellt", heißt es im Ablehnungsschreiben.

Ich fasse zusammen: Intentionen, die Filialtherapie auch hierzulande zu untersuchen, werden nicht gefördert, denn die Filialtherapie passt nicht in die gegenwärtige Forschungslandschaft und ist starken fachlich-ideologischen Gegenwinden ausgesetzt.

Ein entsprechendes Bild bietet sich hinsichtlich deutschsprachiger Publikationen zum Thema, wenn man die Datenbasen durchforstet. Fündig wird man im Internet nur mit unveröffentlichten Diplomarbeiten der Universität Wien, z.B. der von Hosinner (2008), deren Titel lautet „Eltern in der Rolle des personenzentrierten Spieltherapeuten – am Beispiel der Filialtherapie". Die Diplomandin Hosinner kommt zu einer vergleichbaren ernüchternden Feststellung, wenn sie schreibt: „Auch wenn nun die Effektivität des filialtherapeutischen Konzepts geklärt ist, stellt sich noch die Frage, wie die Eltern in Österreich von der Filialtherapie erfahren sollen, wenn es bis jetzt nur einen Filialtherapeuten in Deutschland gibt. Warum ist die Filialtherapie im deutschsprachigen Raum eigentlich noch so unbekannt, obwohl sie schon 1964 von Guerney in den USA entwickelt wurde?" (Hosinner, 2008, S. 137)

So bleibt der Blick auf den Bekanntheitsgrad, die Verbreitung der Filialtherapie und die Möglichkeit, sie zu beforschen, eher ernüchternd. Es stellen sich natürlich noch viele Fragen, die fundierte Antworten fordern, uns steht derzeit nur wenig empirisch gesichertes Bedingungs- und Änderungswissen zur Verfügung, so ganz klar wissen wir noch nicht, warum Filialtherapien so erfolgreich sind, und so sind wir derzeit noch darauf angewiesen, auf gemachte Erfahrungen und auch auf die eigene Intuition zurückzugreifen, wenn uns die Fachwissenschaft noch im Stich lässt.

Dieses Buch wendete sich nun an Interessentinnen und Interessenten, die sich ein Gefühl für die verloren gegangenen Werte der Humanistischen Psychologie bewahrt haben, die dem gegenwärtigen Zeitgeist zum Trotz die Würde, die Entfaltungskraft, das Urvertrauen in ein gesundes Wachstum und das Elementare der menschlichen Selbstaktualisierungstendenz weiterhin für zentral halten. Diese Rückschau sollte uns also nicht dazu veranlassen, in unseren Anstrengungen nachzulassen, den Wert der Filialtherapie deutlich nach außen zu kommunizieren, v.a. aber, die Filialtherapie zu praktizieren, wozu dieser Band vielleicht einen bescheidenen Beitrag leisten kann. In der Filialtherapie kommt zusammen, was menschliche Vernunft und menschliches Gefühl zusammen gehören lässt, wenn häusliche Ressourcen für die Kinder zu aktivieren sind. Wie sich gezeigt hat, stellen sich die Prinzipien der Filialtherapie insgesamt als nicht sehr kompliziert dar, sie sind klar und leicht verständlich, und auch die Herstellung des äußeren Rahmens birgt keinerlei Geheimnisse. Probleme treten erst dann auf, wenn diese Prinzipien mit Leben erfüllt und in den Elternhäusern auch umgesetzt werden sollen. Die Ausführungen im Kapitel 8 dieses Bandes zum Filialtherapietraining könnten vielleicht hilfreich sein, weil hier Abläufe detaillierter beschrieben worden ist. Allerdings könnte man aus diesen Ausführungen vielleicht auch den irrigen Eindruck gewinnen, dass die Durchführung einer Filialtherapie doch ziemlich problemlos, einigermaßen zügig und glatt über die Bühne gehen wird. Unterstützt wird eine solche Einschätzung vielleicht auch durch die Lehrtexte meiner amerikanischen Kollegen, deren Vorgehen sich als recht reibungslos darstellt. Dass die Dinge dann doch nicht immer so geschehen wie geplant, damit ist zu rechnen, und dafür war teilweise auch der Bericht im Kapitel 11 ein deutlicher Beleg, denn einmal mehr zeigte sich die zutiefst personenzentrierte Einsicht, dass bei einem rigide durchgezogenen Training leicht die Betroffenen „auf der Strecke bleiben"; dass andererseits bei zum Ausdruck gebrachter persönlicher Betroffenheit der Gruppe und bei auftauchenden tiefen Emotionen, die ein Innehalten gebieten, leicht die Ziele aus dem Blickfeld geraten. Hier eine Balance zu finden, ist eine nicht einfach zu bewältigende Herausforderung für die Filialtherapeutin.

Ich bin mir sicher, dass sich schon in naher Zukunft vermehrte Nachfragen nach Filialtherapien einstellen werden, da die Vorzüge – wenn die erwähnten möglichen Gegenindikationen beachtet werden – nicht von der Hand zu weisen sind: Die relativ kurze Zeitdauer – einmal wöchentlich etwa 30 Minuten Spielzeit über wenige Wochen – hat zur positiven Folge, dass selbst skeptische Eltern, die möglicherweise die Schwelle zur familientherapeutischen Beratung nie nehmen würden, sich bereitfinden, sich auf ein augenscheinlich so unaufwändiges Experiment einzulassen. Ihre anfängliche Verunsicherung wird sich in engen Grenzen halten, da sich das Verfahren in den eigenen vier Wänden ohne unmittelbare Zeugen abspielt. Bekanntlich sollte man Klienten dazu ermutigen, eine beabsichtigte größere Änderung mit einem ersten kleinen Schritt – wie bei einer Weltreise – beginnen zu lassen, und von dieser Einsicht wird in der Filialtherapie systematisch Gebrauch gemacht. Es ergeht an die Bezugspersonen nämlich nicht die Aufforderung, alle erworbenen Erziehungseinstellungen umgehend über Bord zu werfen, im Gegenteil: In einem für sie überschaubaren Rahmen können die Eltern mit kleinen Schritten etwas Neues ausprobieren und sich anschließend mit Gleichgesinnten über die neuen Erfahrungen auszutauschen. Die anfängliche labile Unsicherheit weicht allmählich der Einsicht, für das Kind und auch für sich etwas Nützliches zu praktizieren, womit die Aktivierung der eigenen Ressourcen angesprochen ist. Nur selten führen anfängliche Probleme zur Aufgabe des Vorhabens, zumal andere Gruppenmitglieder begeistert von ermutigenden Anfangserfolgen berichten. Man kann also erwarten, dass eine anfängliche Zurückhaltung oder Skepsis der Zuversicht weicht, das eigene Kind besser verstehen zu lernen und damit eine Basis für eine dichtere Beziehung zu schaffen, die den Test des künftigen Familienalltags auch bestehen wird.

Damit ist ein Vorzug der Filialtherapie angesprochen, der in lerntheoretischer Sicht die Generalisierbarkeit neu erworbenen Verhaltens betrifft. Sobald sich nämlich Erfolge in den Spielstunden eingestellt haben, werden sie spontan auf andere Situationen im Familienalltag übertragen. Damit entgeht die Filialtherapie einem Fallstrick, dem sich andere Verfahren, die auf Außenlenkung setzen, ausgesetzt sehen: die fehlende spontane Übertragung vom künstlichen Arrangement des Therapiesettings auf den natürlichen Lebenskontext. Während Familien- und Verhaltenstherapien nicht ohne geplante massive Übertragungsprozeduren auskommen, stellt die Filialtherapie selbst die therapeutische ‚Hausaufgabe' dar, die langfristig das Ziel hat, selbstkontrolliert die familiäre Kohärenz zu steigern und dem Zusammenleben eine neue Qualität zu geben, die ein vertieftes Verstehen untereinander ermöglicht und damit auf Dauer von den ja vorhandenen Ressourcen Gebrauch zu macht.

Nach aller Mühe mit diesem Band bin ich optimistisch, dass sich das Blatt bezüglich der Verbreitung der Filialtherapie in den deutschsprachigen Ländern wenden wird und dass sich Kolleginnen und Kollegen finden werden, die sich auf das spannende Abenteuer, Filialtherapien durchzuführen, einlassen werden. Meine Hoffnung ruht nämlich auf der nachwachsenden Generation von Psychologen und Heilpädagogen, die den Wert des Ansatzes der Filialtherapie spontan erkennt und sich an die mühselige Umsetzungsarbeit macht, um andere Akzente in der eigenen Arbeit zu setzen, als herkömmliche verhaltenstherapeutische oder tiefenpsychologische Elterntrainings versprechen. Ich bin mir sicher: Die Filialtherapie wird mit ihrer Hilfe nun auch hierzulande erfolgreich implantiert werden.

Ich habe selbst einige persönliche Hürden nehmen müssen, um zu einer zutiefst positiven Überzeugung zur Filialtherapie zu finden, auf deren Basis ich das Verfahren selbst praktiziert und in der Universitätsausbildung und in der Weiterbildung für Heilpädagogen versucht habe zu vermitteln, und ich bin gern bereit, bei der Verbreitung der Filialtherapie weiter auf den unterschiedlichsten Kommunikationskanälen mitzuwirken. Bei allen hoffnungsvollen Blicken in die Zukunft habe ich nie aus dem Auge verloren, welcher Schatz an Einsichten und Erfahrungen mir von den Begründern der Filialtherapie durch persönliche Begegnungen zuteil geworden ist, mein großer Dank gilt Rise van Fleet, Louise Guerney, sowie – Sue Bratton und Garry Landreth.

Literatur

Adronico, M. P. & Blake, I. (1971). The Application of Filial Therapy to Young Children with Stuttering Problems. *Journal of Speech and Hearing Disorders, 36*(3), 377-381.

Athanasiou, M. S. & Gunning, M. P. (1999). Filial therapy: Effects on two childrens behavior and mothers' stress. *Psychological-Reports, 84*(2), 587-590.

Axline, V. (1947). *Play therapy. The inner dynamics of childhood.* Boston: Houghton-Mifflin. Dt.: Axline, V. (2002) *Spieltherapie im nicht-direktiven Verfahren.* München: Reinhardt (10. Aufl.).

Bavin-Hoffman, R., Jennings, G., & Landreth, G. (1996). Filial therapy: Parental perceptions of the process. *International Journal of Play Therapy, 5*(1), 45-58.

Beckloss, D. (1997). *Filial therapy with children with spectrum pervasive developmental disorders.* Unpublished doctoral dissertation. May 28, 2006enton (TX): University of North Texas

Beckmann-Herfurth, E. (1996). Zur Person des Therapeuten - ihre Bedeutung in der personzentrierten Kinderpsychotherapie. In Boeck-Singelmann, C., Ehlers, B., Hensel., T., Kemper, F. & Monden-Engelhardt, Ch. (Hrsg.), *Personzentrierte Psychotherapie mit Kindern und Jugendlichen. Band 1: Grundlagen und Konzepte* (S. 195-216). Göttingen: Hogrefe.

Behr, M. (1996). Therapie als Erleben der Beziehung. In: Boeck-Singelmann, C., Ehlers, B., Hensel, T., Kemper, F. & Monden-Engelhardt, C.(Hrsg.). *Personzentrierte Psychotherapie mit Kindern und Jugendlichen. Bd. 1: Grundlagen und Konzepte* (S. 41-68). Göttingen: Hogrefe.

Behr, M. (2009). Die interaktionelle Therapeut-Klient-Beziehung in der Spieltherapie – Das Prinzip der Interaktionsresonen. In: Behr, M., Hölldampf, D. & Hüsson, D. (Hrsg.), *Psychotherapie mit Kindern und Jugendlichen – Personzentrierte Methoden und interaktionelle Behandlungskonzepte* (S. 37-58). Göttingen: Hogrefe.

Behr, M., Hölldampf, D. & Hüsson, D. (Hrsg.) (2009). *Psychotherapie mit Kindern und Jugendlichen - Personzentrierte*

Methoden und interaktionelle Behandlungskonzepte. Göttingen: Hogrefe.

Boeck-Singelmann, C., Ehlers, B., Hensel., T., Kemper, F. & Monden-Engelhardt, Ch. (Hrsg.) (1996). *Personzentrierte Psychotherapie mit Kindern und Jugendlichen. Band 1: Grundlagen und Konzepte.* Göttingen: Hogrefe.

Boeck-Singelmann, C., Ehlers, B., Hensel, T., Kemper, F. & Monden-Engelhardt, C. (Hrsg.) (1997). *Personzentrierte Psychotherapie mit Kindern und Jugendlichen. Bd. 2: Anwendung und Praxis.* Göttingen: Hogrefe.

Bratton, S. & Landreth, G. (1995). Filial therapy with single parents: Effects on parental acceptance, empathy, and stress. *International Journal of Play Therapy, 4*(1), 61-80.

Bratton, S. & Ray, D. (2000). What the research shows about play therapy. *International Journal of Play Therapy, 9*(1), 47-88.

Bratton, S., Ray, D., Rhine, T., & Jones, L. (2005). The efficacy of play therapy with Children: A Meta-analytic review of the outcome research. *Professional Psychology: Research and Practice, 36*(4), 376-390.

Bratton S.C., Landreth, G. L., Kellam, Th. & Blackard, S. R. (2006). *Child parent relationship therapy (CPRT) Treatment manual - A 10-session filial therapy model for training parents.* New York: Routledge Taylor & Francis Group.

Brown, C. J. (2000). *Filial therapy with undergraduate teacher trainees; child- teacher relationship training.* Doctoral dissertation, University of North Texas.

Dillman Taylor, D., Purswell, K., Lindo, N., Jayne K. & Fermamdo, D. (2011). The impact of Child Relationship Therapy on child behavior und parent-child relationships: an examination of parental divorce. *International Journal of Play Therapy, 20*(2), 124-137.

Chau, I. Y. & Landreth, G.L. (1997). Filial therapy with Chinese parents: Effects on parental empathic interactions, parental acceptance of child and parental stress. *International Journal of Play Therapy, 6*(2), 75-92.

Costas, M.B. & Landreth, G. (1999). Filial therapy with non-offending parents of children who have been sexually abused. *International Journal of Play Therapy, 8*(1), 43-66.

Deutsche Arbeitsgruppe Child Behavior Checklist (1998a). *Elternfragebogen über das Verhalten von Kindern und Jugendlichen; deutsche Bearbeitung der Child Behavior Checklist (CBCL/4-18). Einführung und Handauswertung, mit deutschen Normen*, bearbeitet von M. Döpfner, J. Plück, S. Bölte, K. Lenz, P. Melchers & K. Heim (2. Aufl.). Köln: Arbeitsgruppe Kinder-, Jugend- und Familiendiagnostik/ KJFD).

Deutsche Arbeitsgruppe Child Behavior Checklist (1998b). *Fragebogen für Jugendliche; deutsche Bearbeitung der Youth Self-Report Form der Child Behavior Checklist (YRF). Einführung und Anleitung zur Handauswertung, mit deutschen Normen, bearbeitet* von M. Döpfner, J. Plück, S. Bölte, K. Lenz, P. Melchers & K. Heim (2. Aufl.). Köln: Arbeitsgruppe Kinder-, Jugend- und Familiendiagnostik/KJFD.

Dillman Taylor, D., Purswell, K., Lindo, N., Jayne, K. & Fernando, D. (2011). The impact of Child Parent Relationship Therapy on child behavior and parent-child relationships: An examination of parental divorce. *International Journal of Play Therapy, 30*(3), 124-137.

Ehlers, T. (2002). Das Konzept einer globalen emotional bedingten Entwicklungsstörung und der personzentrierte Ansatz der Spieltherapie. In C. Boeck-Singelmann, et al. (Hrsg.), *Personzentrierte Psychotherapie mit Kindern und Jugendlichen. Grundlagen und Konzepte Band 1* (S. 81-94). Göttingen [u.a.]: Hogrefe Verlag.

Ferrell, L. G. (2003). *A Comparison of an intensive 4-week format of the Landreth 10-week filial therapy training model with the traditional Landreth 10- week model of filial therapy*. Doctoral dissertation, University of North Texas.

Fidler, J.W., Guerney, B.G., Andronico, M.P. & Guerney, L. (1969). Filial therapy as a logical extension of current trends in psychotherapy. In Guerney, B.G. (Ed.), *Psychotherapeutic agents - new roles for nonprofessionals, parents, and teachers* (pp. 47-55). New York: Holt, Rinehart & Winston.

Freud, A. (1972). Einführung in die Technik der Kinderanalyse. München: Fischer (7., neu gest. Aufl. 1995).

Fröhlich-Gildhoff, K., Hanne, K. (2002). Frühe Beziehungsstörungen bei Kindern und Jugendlichen. In C. Boeck- Singelmann, et al. (Hrsg.), *Personzentrierte Psychotherapie mit*

Kindern und Jugendlichen. Grundlagen und Konzepte Band 1 (S. 369- 390). Göttingen: Hogrefe.

Ginsberg, B.-G. (1978). Group Filial Therapy. *Social Work, 23*(2), 154-156.

Ginsberg, B.-G.; (1976) Parents as Therapeutic Agents. The Usefulness of Filial Therapy in a Community Mental Health Center. *American Journal of Community Psychology, 4*(1), 47-54.

Glazer-Waldman, H., Zimmerman, J., Landreth, G. & Norton, D. (1992). Filial therapy: An intervention for parents of children with chronic illness. *International Journal of Play Therapy, 1*(1), 31-42.

Glover, G.J. (1996). *Filial Therapy with the Native Americans on the Flathead Reservation.* Unpublished doctoral dissertation. Denton (TX): University of North Texas.

Goetze, H. (2001). *Grundriß der Verhaltensgestörtenpädagogik.* Berlin: Spiess (Edition Marhold)

Goetze, H. (2002). *Handbuch der personenzentrierten Spieltherapie.* Göttingen: Hogrefe.

Goetze, H. (2007). Schüler therapieren Schüler? Ein spieltherapeutisch orientierter Versuch mit Abschlussklässlern und Schülern der Eingangsstufe einer Lernbehindertenschule. *Heilpädagogische Forschung, XXXIII*(3), 208-220.

Gordon, Th. (1977). Lehrer-Schüler-Konferenz. Hamburg: Hoffmann & Campe.

Gordon, T. (2007). Die Neue Familienkonferenz. Kinder erziehen ohne zu strafen. München: Wilhelm Heyne.

Grskovic, J. A. & Goetze, H. (2008). Short term filial therapy with German mothers: Findings from a controlled study. *International Journal of Play Therapy, 17*(1), 39-51.

Guerney, B.G. (1964). Filial therapy: Description and Rationale. *Journal of Consulting Psychology, 28*(4), 304-310.

Guerney, B.G. & Stover, L. (1972). Facilitative Therapist Attitudes in Training Parents as Psychotherapeutic Agents. *The Family Coordinator, 21*(3), 275-278.

Guerney, L. F. (2000). Filial Therapy into the 21st century. *International Journal of Play Therapy, 9*(2), 1-17.

Harris, Z.L. & Landreth, G.L. (1997). Filial therapy with incarcerated mothers: A five week model. *International Journal of Play Therapy, 6*(2), 53-73.

Hilpl, K. A. (2001). *Facilitating healthy parenting attitudes and behaviors among adolescents using filial therapy in a high school curriculum.* Doctoral dissertation, University of North Texas.

Hosinner, J. (2008). *Eltern in der Rolle des personenzentrierten Spieltherapeuten – am Beispiel der Filialtherapie.* Unveröff. Diplomarbeit. Wien: Universität (Bildungswissenschaft).

Johnson L., et al. (1999). The use of child- centered play therapy and filial therapywith head start families: a brief report. *Journal of Marital and Family Therapy, 25*(2), 169-176.

Kale, A. (1998). Filial therapy with children experiencing learning disabilities. *Dissertation Abstracts International, 58*(7), 25-46.

Kale, A. & Landreth, G. (1999). Filial therapy with parents of children experiencing learning difficulties. *International Journal of Play Therapy, 8*(2), 35-56.

Kidron, M. (2003). *Filial therapy with Israeli Parents.* Doctoral dissertation, University of North Texas.

Klein, M. (1973). *Die Psychoanalyse des Kindes.* Frankfurt: Fischer.

Landreth, G. L. (2002). *Play therapy: The art of the relationship* (2nd ed.). New York: Brunner Routledge.

Landreth, G. L.& Bratton S.C. (2006). *Child parent relationship therapy (CPRT) – A 10-session filial therapy model.* New York: Routledge Taylor & Francis Group.

Landreth, G. & Lobaugh, A. (1998). Filial therapy with incarcerated fathers: Effects on parental acceptance of child, parental stress, and child adjustment. *Journal of Counseling and Development, 76*(2), 57-165.

Lee, K. M. (2002). *Filial therapy with immigrant Korean parents in the United States.* Doctoral dissertation, University of North Texas.

Maslow, A. (1977). *Motivation und Persönlichkeit.* Freiburg: Olten.

Moustakas, C. (1953). *Children in play therapy.* New York: McGraw-Hill (reprint: New York: Harper & Row, 1974).

Moustakas, C. (1959). *Psychotherapy with children*. New York: McGraw-Hill (reprint: New York: Harper & Row, 1975).

Moustakas, C. (Ed.) (1966). *The child's discovery of himself*. New York: Ballentine.

Quitmann, H. (1985). *Humanistische Psychologie*. Göttingen: Hogrefe.

Quitmann, H. (2000). Humanistisch-psychologische Ansätze. In: Borchert, J. (Hrsg.), *Handbuch der Sonderpädagogischen Psychologie* (S. 159-170). Göttingen: Hogrefe.

Rogers, C.R. (2007g). *Die nicht- direktive Beratung*. Frankfurt/M.: Fischer (orig. Ausgabe 1942).

Rogers, C.R. (2006). *Entwicklung der Persönlichkeit. Psychotherapie aus der Sicht eines Therapeuten*. Stuttgart: Klett-Cotta (orig. Ausgabe 1961).

Rogers, C.R. (1978). *Die Kraft des Guten*. München: Kindler.

Rye, N. (2005). *Introduction to Filial Therapy*. Verfügbar unter: Connections

Counselling Ltd, Norfolk/Virginia, http://www.filialtherapy.co.uk [28.1.2008].

Schmidtchen, S. (1974). *Klientenzentrierte Spieltherapie*. Weinheim: Beltz.

Schmidtchen, S. (1978). *Handeln in der Kinderpsychotherapie*. Stuttgart: Kohlhammer.

Schmidtchen, S. (2001). *Allgemeine Psychotherapie für Kinder, Jugendliche und Familien: ein Lehrbuch*. Stuttgart: Kohlhammer.

Smith, N. R. (2000). *A comparative analysis of intensive filial therapy with intensive individual play therapy and intensive sibling group play therapy with child witnesses of domestic violence*. Doctoral dissertation, University of NorthTexas.

Smith, D. M., (2002). *Filial therapy with teachers of deaf and hard of hearing
preschool children*. Doctoral dissertation, University of North Texas.

Sywulak, A. (1978). The effect of filial therapy on parental acceptance and child adjustment. *Dissertation Abstracts International, 38*(12), B6180.

Tausch, R. & Tausch, A. (1956). *Kinderpsychotherapie im nichtdirektiven Verfahren*. Göttingen: Hogrefe.

Tausch, R. & Tausch, A (1998). *Erziehungspsychologie: Begegnung von Person zu Person* (11. Aufl.). Göttingen: Hogrefe.

Tew, K., Landreth, G.L., Joiner, K.B. & Solt, M.D. (2002). Filial therapy with parents of chronically ill children. *International Journal of Play Therapy, 11*(1), 79-100.

Van Fleet, R. (2005). *Filial therapy: Strengthening parent-child relationships through play* (2nd ed.). Saratosa (FL): Professional Resource Press.

Walkobinger, Ch. (2009). Die präsente Therapeutenperson – Authentizität als entscheidender Faktor in der personenzentrierten Kinder- und Jugendlichenpsychotherapie. In Behr, M., Hölldampf, D. & Hüsson, D. (Hrsg.), *Psychotherapie mit Kindern und Jugendlichen – Personzentrierte Methoden und interaktionelle Behandlungskonzepte* (S. 59-77). Göttingen: Hogrefe.

Watts, R., Broaddus, J. (2002). Improving parent-child relationships through filial therapy: An interview with Garry Landreth. *Journal of Counseling and Development, 80*(3), 372-379.

Weinberger, S. (2007). *Kindern spielend helfen* (3. Aufl.). Weinheim: Juventa.

Yuen, T., Landreth, G. & Baggerly, J. (2002). Filial therapy with immigrant chinese families. *International Journal of Play Therapy, 11*(2), 63-90.